Charles Perrault

Peau d'Âne (1694)

Texte intégral suivi de :

- *Peau d'Âne* de Jacques Demy (1970)
extraits du scénario, photos
- *Peau d'Âne* de Tahar Ben Jelloun (2014)
texte intégral du conte issu de *Mes contes de Perrault*

LE DOSSIER
Trois versions d'un même conte

L'ENQUÊTE
Comment adapte-t-on un conte au cinéma ?

Notes et dossier
Nathalie Laurent
certifiée de lettres modernes

Collection dirigée par
Bertrand Louët

Hatier

Sommaire

OUVERTURE

• Qui sont les personnages ? 4
• Quelle est l'histoire ? 6
• Qui a écrit le premier *Peau d'Âne* ? 8
• Que se passe-t-il à l'époque ? 9

• Comment le conte a-t-il été adapté au cinéma par Jacques Demy ? 10

TÉMOIGNAGE DE CATHERINE DENEUVE

• Comment le conte a-t-il été réécrit par Tahar Ben Jelloun ? 12

ENTRETIEN AVEC TAHAR BEN JELLOUN

Peau d'Âne

Le conte de Charles Perrault. 16
▸ Lectures actives 1, 2 et 3. . . . . 19, 29, 43

ISBN : 978-2-401-02814-2

Pour compléter la lecture de ce livre, visionnez *Peau d'Âne* de J. Demy (1970) (version restaurée de 2014, en DVD ou en téléchargement)

Le film de Jacques Demy 45

▸ Lectures actives 4, 5, 6 et 7. . . . . .47, 51, 53, 55

Cahier couleur

5 photos du film *Peau d'Âne* de Jacques Demy

Le conte de Tahar Ben Jelloun 56

▸ Lectures actives 8 et 9. . . . . 61, 81

LE DOSSIER

Trois versions d'un même conte

- Repères 92
- Parcours en 7 étapes 96
- Textes et images : l'apparition de la bonne fée 110

L'ENQUÊTE

Comment adapte-t-on un conte au cinéma ? 116

OUTILS

- Lexique du cinéma 124

* Les mots suivis d'un * sont expliqués dans le lexique du cinéma p. 124.

Qui sont les personnages ?

Les personnages du conte de Perrault

LA REINE

Elle est belle et sage. Grâce à elle, le roi gouverne en homme équilibré. Sa mort inattendue va tout bouleverser.

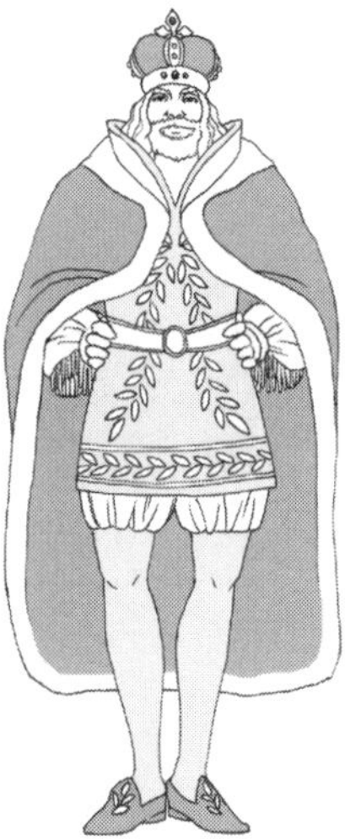

LE ROI

Il est riche, juste, puissant et amoureux. Mais après la mort de sa femme, il ne sait plus différencier le bien du mal et se met en tête l'idée folle d'épouser sa propre fille.

LA PRINCESSE

Elle a toutes les qualités d'une princesse de conte de fées. Pour échapper à son père, elle fera l'expérience de la laideur, du mépris et de la pauvreté.

Les personnages ajoutés

DANS LE FILM DE J. DEMY

Jacques Demy reprend tous les personnages créés par Charles Perrault. Il donne aussi un visage aux gens de la campagne et à ceux de la cour.

L'ÂNE

C'est un âne d'apparence tout à fait normale, mais il a un pouvoir merveilleux : celui de faire de l'or en lieu et place de ses besoins naturels. Après sa mort, sa peau servira de protection à la princesse.

LA FÉE

Elle guide la jeune princesse à la mort de sa mère. Elle est suffisamment rusée pour déjouer les sombres projets du roi sans remettre en question son autorité absolue.

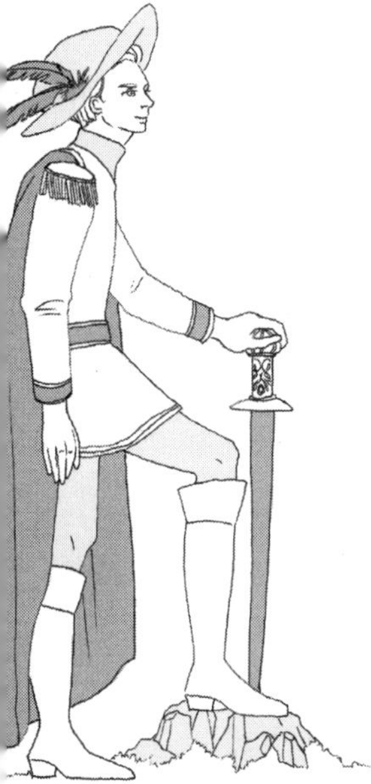

LE PRINCE

Il est charmant, évidemment,
et tellement ébloui par la princesse qu'il en tombe malade ; s'il ne peut l'épouser, il en mourra.
Ses parents sont attentifs au bien-être de leur fils, et font tout pour essayer de le guérir de sa maladie d'amour.

DANS LE CONTE DE T. BEN JELLOUN

Tahar Ben Jelloun ajoute deux personnages.

- La sorcière : seulement soucieuse de faire le mal, elle se vante d'avoir inspiré au roi l'idée d'épouser sa fille.
- La Mamma : cette vieille femme de la campagne, qui n'a pas sa langue dans sa poche, prend la princesse sous sa protection.

Quelle est l'histoire ?

Les circonstances

Dans les versions de Perrault et Demy, l'histoire de Peau d'Âne se déroule dans un royaume imaginaire, en des temps fort lointains. Dans la version de Tahar Ben Jelloun, le lecteur est transporté dans un pays d'Orient, imprégné par les traditions arabo-musulmanes.

1. Le bonheur du royaume vacille quand la reine tombe malade. Dans ses derniers instants, elle arrache un serment au roi : il ne doit se remarier qu'avec une femme plus belle et plus sage qu'elle.

2. Le roi tient à honorer son serment. Mais il n'y a qu'une femme qui puisse répondre aux exigences de la reine : sa propre fille. La princesse est désemparée par la demande en mariag de son père, à qui elle ne peut désobéir.

Le but

À travers ce conte de fées, Perrault aborde l'interdit de l'inceste. L'héroïne est donnée en exemple aux jeunes lecteurs : en renonçant à une vie facile, elle parvient à se soustraire au désir paternel.

Gravure anonyme, XVIIe siècle.

3. Elle prend donc conseil auprès de sa marraine-fée, qui lui souffle d'imposer au roi des défis impossibles à relever. Mais contre toute attente, elle réussit à obtenir les robes extraordinaires qu'elle a demandées.

4. Pour obtenir la main de sa fille, le roi accepte de tuer l'âne qui est la source de toute sa richesse. Cachée sous la peau malodorante de la bête, la princesse n'a plus qu'une solution : s'enfuir...

Qui a écrit le premier *Peau d'Âne* ?

Charles Perrault (1628-1703)

● UN HOMME DE CONVICTION

Charles Perrault naît en 1628, dans une famille bourgeoise. C'est un élève brillant, décidé à penser par lui-même. Lorsque son maître de philosophie lui reproche d'avoir osé lire et défendre l'ouvrage d'un auteur nouveau, Descartes, il quitte la classe et continue d'apprendre seul, suivant ses désirs.

● UN HOMME DE COUR

Devenu avocat, Perrault n'exerce pas longtemps ce métier. Grâce au soutien de Colbert, le Premier ministre, il contribue pendant 20 ans à la politique artistique et littéraire de Louis XIV. Puis il se retire de la vie publique.

● L'AUTEUR DE CONTES DEVENUS TRÈS CÉLÈBRES

Perrault se consacre alors à l'éducation de ses enfants et à l'écriture. Il décide notamment de mettre en forme des contes issus de la tradition orale. Il publie ainsi en 1697 *Les Contes de ma mère l'Oye*, un recueil de huit contes qui deviendra un classique de la littérature.

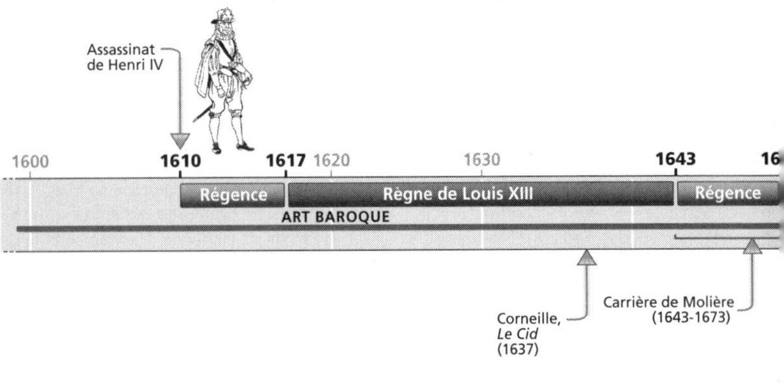

Que se passe-t-il à l'époque ?

● L'ÉTABLISSEMENT DE LA MONARCHIE ABSOLUE

Dans la première moitié du XVIIe siècle, l'indiscipline de la noblesse est progressivement matée. Des « intendants de justice, police et finances » sont nommés dans toutes les provinces pour faire exécuter les ordres du roi. Lorsque le règne personnel de Louis XIV commence, en 1661, la figure royale devient ainsi l'incarnation de la puissance absolue : la cour s'agenouille devant le Roi-Soleil, à qui elle veut plaire à tout prix.

● LE TRIOMPHE DE LA MORALE CLASSIQUE

Dans cette société de cour s'élaborent les valeurs morales qui vont définir « l'honnête homme », c'est-à-dire le courtisan parfait : celui-ci est naturel, agréable et élégant en toutes circonstances ; il ne se laisse jamais dominer par ses passions.

● LE RAYONNEMENT CULTUREL

Tout au long du XVIIe siècle, la France s'impose comme une grande puissance européenne grâce à ses victoires militaires et à son développement économique, mais aussi par son rayonnement culturel. Louis XIV favorise la création artistique dans de nombreux domaines : la musique (Lully), l'art des jardins (Le Nôtre), et le théâtre (Molière).

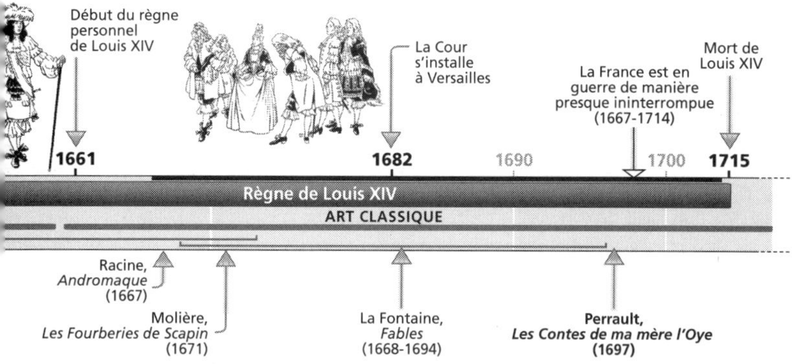

Comment le conte a-t-il été adapté au cinéma par Jacques Demy ?

Jacques Demy (1931-1990)

• UNE VOCATION PRÉCOCE

Jacques Demy se passionne très tôt pour les arts du spectacle : enfant, il anime son théâtre de marionnettes, s'amuse avec un petit projecteur de cinéma, s'essaye au film d'animation* ; à 13 ans, il achète sa première caméra. Quelques années plus tard, il se lance dans des études de cinéma.

• CINÉMA ET MUSIQUE

C'est avec *Les Parapluies de Cherbourg* (1964) qu'il obtient son premier grand succès. Tous les dialogues du film sont chantés sur la musique du compositeur Michel Legrand.

• LA PUISSANCE DES SENTIMENTS

Les contes et légendes sont très présents dans le cinéma de Demy, qui mêle le rêve et la réalité, la violence et la fantaisie. Son « obsession », dit-il, est « d'exprimer les sentiments avec une certaine force » ; pour y parvenir, il met en œuvre toute la puissance d'évocation du cinéma.

Le film *Peau d'Âne*

Sorti en 1970, *Peau d'Âne* est une adaptation fidèle du conte de Perrault : il raconte la même histoire ; des extraits du texte sont lus en voix off*. C'est aussi une adaptation très personnelle : avec une grande inventivité visuelle et sonore, Jacques Demy a tenté d'y retranscrire ses émotions d'enfant.

Le témoignage

de **Catherine Deneuve** (née en 1943)
Extraits d'un entretien avec Anne Diatkine, paru dans *Elle* n° 3021, 24/11/2003.

Quand elle a interprété* Peau d'Âne, *l'actrice Catherine Deneuve était une toute jeune femme. Elle se souvient du film de Jacques Demy comme d'« un long moment de bonheur, une exaltation qui dure. »

« **Le merveilleux**

Peau d'Âne, c'est la grâce, portée par l'humour et le romantisme de Jacques Demy. Si le film avait tenu sur des effets spéciaux, il aurait forcément vieilli. Mais l'adaptation de Jacques est à la fois intemporelle et très personnelle. Il montre ce qui nous touchera toujours, qu'on ait 6 ou 100 ans. Le merveilleux et les émotions ne sont pas soumis au temps.

Le travail du cinéaste

Dans les films de Jacques Demy, il y a toujours un aspect artisanal, allié à une grande rigueur. Il n'y a rien d'artificiel dans sa manière de concevoir des effets. Un royaume rouge, un royaume bleu ? Les chevaux seront peints. Jacques Demy recherchait toujours des solutions simples. Ce conte l'habitait depuis l'enfance. Il a ciselé les dialogues, de même qu'il a choisi le moindre objet du décor, et qu'il « voyait » exactement tous les personnages.

Les costumes

Le merveilleux, pour moi, c'était aussi de jouer dans un film, en musique, en chansons, en costumes. Et quels costumes ! Le plus lourd était la peau d'âne. Une vraie peau d'animal, que j'avais à la fois sur le corps et sur la tête. La gueule de l'animal, surtout, pesait son poids.

Comment le conte a-t-il été réécrit par Tahar Ben Jelloun ?

Tahar Ben Jelloun (né en 1944)

Tahar Ben Jelloun est né au Maroc, et a grandi dans la double culture franco-marocaine.

● UN HOMME ENGAGÉ

Au cours de ses études au Maroc, Tahar Ben Jelloun manifeste pour le droit de tous les jeunes à l'éducation. Accusé d'être un fauteur de troubles, il est envoyé dans un camp disciplinaire. Il y écrit le premier poème qu'il publiera, dénonçant l'injustice et l'oppression, comme il le fera ensuite tout au long de sa carrière.

● UN ÉCRIVAIN PROLIFIQUE

Même s'il ne croit pas que la littérature puisse changer le monde, Tahar Ben Jelloun estime qu'elle rend tout de même l'homme moins « infréquentable ». Alors, il écrit : plus de 50 livres publiés – romans, poèmes, essais, nouvelles – et des articles réguliers pour de grands journaux. Il est particulièrement attentif au jeune public, qu'il n'hésite pas à confronter à des questions profondes et complexes.

Le recueil *Mes contes de Perrault*

En 2014, Tahar Ben Jelloun publie sa version de dix contes de Perrault, dont *Peau d'Âne*. Dans la préface du recueil, il indique son intention : « J'ai pris la liberté d'orientaliser ces contes, c'est-à-dire d'y mêler des épices et des couleurs issues d'autres pays, d'autres imaginaires. Et si j'ai choisi de les situer dans des pays arabes et musulmans, c'est aussi parce qu'il est temps de dire ces pays autrement que sous le signe du drame et de la tragédie [...]. »

L'entretien

avec **Tahar Ben Jelloun** (né en 1944)

« **Pourquoi vous êtes-vous intéressé aux contes de Perrault ?**

Perrault et ses contes ont une portée universelle. Cependant, je voulais voir comment un enfant arabe, turc ou persan perçoit ces contes et leur morale. Tous les enfants ne possèdent pas le même imaginaire.

Pourquoi avoir choisi le conte de *Peau d'Âne* ?

Peau d'Âne est un conte curieux et invraisemblable. Un roi propose à sa fille de se marier avec elle : quelle idée saugrenue ! Ce récit masque, en fait, la tentation de l'acte incestueux dont l'interdit est la base de la société et de la civilisation.

L'Orient qui sert de cadre au récit est-il celui des *Mille et Une Nuits* ? Le conte ne fait-il pas référence également à notre époque ?

En relisant les contes de Perrault, j'ai imaginé que ces histoires se passent dans le cadre des *Mille et Une Nuits*. Les contes font cependant également référence à l'Orient contemporain et dénoncent, en filigrane, le risque du fanatisme et du détournement des valeurs de l'islam. Ils me permettent de poursuivre la défense des droits de la femme dans le monde arabo-musulman.

Quelle est la morale de votre conte ?

La morale ? Il y en aurait plusieurs. Mais je privilégie celle consistant dans l'éloge de la vérité, de la modestie et de l'humanisme. L'argent et l'or ne sont que des moyens, pas une fin.

La jeune princesse va trouver la fée des Lilas, sa marraine, ne voulant pas épouser son propre père.

La jeune princesse infante, les Dindons et les Poules.

LES TEXTES

Peau d'Âne

Le conte de Charles Perrault 16

Le film de Jacques Demy 45

Le conte de Tahar Ben Jelloun 56

La princesse Peau d'âne, gravure, Paul-André Basset, éditeur et marchand d'estampes, fin XVIIIe siècle, Paris, Bibliothèque nationale.

Peau d'Âne

de Charles Perrault (1694)

Il était une fois un roi,
Le plus grand qui fût sur la Terre,
Aimable en paix, terrible en guerre,
Seul enfin comparable à soi[1] :
Ses voisins le craignaient, ses États étaient calmes,
Et l'on voyait de toutes parts
Fleurir, à l'ombre de ses palmes,
Et les vertus et les beaux-arts.
Son aimable moitié, sa compagne fidèle,
Était si charmante et si belle,
Avait l'esprit si commode et si doux,
Qu'il était encor ➲ avec elle
Moins heureux roi qu'heureux époux.
De leur tendre et chaste hyménée[2]
Plein de douceur et d'agrément,
Avec tant de vertus une fille était née ➲

1. **Seul comparable à soi** : unique, il n'est comparable qu'à lui-même.
2. **Hyménée** : mariage.

➲ **Dans les textes poétiques, on peut écrire « encore » avec ou sans -e, ce qui permet d'ajuster le nombre de syllabes et le rythme.**

➲ **Comme souvent dans la suite du conte, la construction de la phrase est inhabituelle : les compléments sont placés avant les verbes qu'ils complètent ; il faut comprendre : une fille était née de leur [...] amour, née avec tant de vertus [...] qu'ils se consolaient facilement de ne pas avoir d'autres enfants.**

Qu'ils se consolaient aisément
De n'avoir pas de plus ample lignée[1]. X

Dans son vaste et riche palais
Ce n'était que magnificence ;
Partout y fourmillait une vive abondance
De courtisans et de valets ;
Il avait dans son écurie
Grands et petits chevaux de toutes les façons,
Couverts de beaux caparaçons[2],
Roides[3] d'or et de broderie ;
Mais ce qui surprenait tout le monde en entrant,
C'est qu'au lieu le plus apparent,
Un maître âne étalait ses deux grandes oreilles.
Cette injustice[4] vous surprend,
Mais lorsque vous saurez ses vertus nonpareilles[5],
Vous ne trouverez pas que l'honneur fût trop grand.

Tel et si net le forma la Nature
Qu'il ne faisait jamais d'ordure ➲,
Mais bien beaux écus au soleil
Et louis de toute manière,
Qu'on allait recueillir sur la blonde litière
Tous les matins à son réveil.

1. **Lignée** : ensemble des descendants d'une personne.
2. **Caparaçons** : housses de protection.
3. **Roides** : forme ancienne de raides.
4. **Injustice** : caractère injustifié, incompréhensible.
5. **Nonpareilles** : inégalables.

➲ **Les excréments de cet âne ne sont pas sales ni inutiles, puisque ce sont des pièces d'or (« écus » et « louis ») qui tombent de son derrière. On le met donc à l'honneur car il assure la richesse du royaume.**

Or le Ciel qui parfois se lasse
De rendre les hommes contents,
Qui toujours à ses biens mêle quelque disgrâce,
Ainsi que la pluie au beau temps,
Permit ➲ qu'une âpre maladie
Tout à coup de la reine attaquât les beaux jours.
Partout on cherche du secours,
Mais ni la Faculté qui le grec étudie,
Ni les charlatans ayant cours,
Ne purent tous ensemble arrêter l'incendie ➲
Que la fièvre allumait en s'augmentant toujours.

Arrivée à sa dernière heure,
Elle dit au roi son époux :
« Trouvez bon qu'avant que je meure
J'exige une chose de vous ;
C'est que s'il vous prenait envie
De vous remarier quand je n'y serai plus...
– Ah ! dit le roi, ces soins[1] sont superflus[2],
Je n'y songerai de ma vie,
Soyez en repos là-dessus.
– Je le crois bien, reprit la reine,
Si j'en prends à témoin votre amour véhément[3] ;
Mais pour m'en rendre plus certaine,
Je veux avoir votre serment,
Adouci toutefois par ce tempérament[4]

1. **Soins** : inquiétudes.
2. **Superflus** : qui ne sont pas indispensables.
3. **Véhément** : d'une force intense.
4. **Tempérament** : mesure destinée à adoucir une règle rigoureuse.

➲ **Le sujet de « permit » est le Ciel (v. 39), c'est-à-dire les forces puissantes et capricieuses qui gouvernent le destin.**

➲ **Cette image caractérise la maladie violente de la reine.**

LECTURE ACTIVE 1

La mort de la reine • vers 50 à 75.

As-tu bien lu ?

1 Quelle promesse la reine fait-elle faire au roi ?
- ☐ Il ne doit jamais se remarier.
- ☐ Il ne doit épouser qu'une femme plus belle et plus sage qu'elle.
- ☐ Il doit se remarier très vite.

2 Quelle est la volonté cachée de la reine ? Quel défaut cela souligne-t-il ?

3 Comment le roi manifeste-t-il sa tristesse ?
- ☐ Il essaie de la cacher
- ☐ Il veut la montrer.

Atelier

Dire des vers classiques

▶ ***Objectif.*** Comprendre et appliquer quelques règles de métrique.

▶ ***Préparation.*** Chacun relit l'extrait, un crayon à la main, en repérant tous les mots qui se terminent par *-e* : ce sont eux qu'il va falloir bien dire pour respecter le rythme des vers (alexandrins = 12 syllabes ; octosyllabes = 8 syllabes).
Les *-e* sont prononcés s'ils sont suivis par une consonne (sauf h muet) à l'intérieur du vers ; dans ce cas, soulignez-les (ex : El/le / dit / au / roi / son / é/poux...). Barrez les autres *-e* (ex. : Ar /ri/vé~~e~~/ à / sa / der/nièr~~e~~ / heur~~e~~/....)

▶ ***Réalisation.*** Formez des groupes de trois, en vous répartissant les rôles : narrateur, roi et reine. Dites votre texte d'une voix forte et claire, en essayant de bien respecter le nombre de syllabes dans chaque vers. Attention : les mots « confiance » (v. 68) et « marier » (v. 67 et 71) se prononcent ici con/fi/ance et ma/ri/er.

Que si vous rencontrez une femme plus belle,
Mieux faite et plus sage que moi,
Vous pourrez franchement lui donner votre foi
Et vous marier avec elle. »
Sa confiance en ses attraits
Lui faisait regarder une telle promesse
Comme un serment, surpris avec adresse,
De ne se marier jamais ➊.
Le prince jura donc, les yeux baignés de larmes,
Tout ce que la reine voulut ;
La reine entre ses bras mourut,
Et jamais un mari ne fit tant de vacarmes ➋.
À l'ouïr[1] sangloter et les nuits et les jours,
On jugea que son deuil ne lui durerait guère ➌
Et qu'il pleurait ses défuntes amours
Comme un homme pressé qui veut sortir d'affaire.
On ne se trompa point. Au bout de quelques mois
Il voulut procéder à faire un nouveau choix ;
Mais ce n'était pas chose aisée,
Il fallait garder son serment,
Et que la nouvelle épousée
Eût plus d'attraits et d'agrément
Que celle qu'on venait de mettre au monument[2].

1. **Ouïr** : entendre.
2. **Monument** : ici, tombe.

➊ **La reine pense que sa beauté et sa sagesse sont inégalables : la « promesse » qu'elle impose au roi est en fait une ruse pour l'obliger à ne jamais se remarier.**

➋ **Le roi n'hésite pas à manifester publiquement sa tristesse, par des cris et des pleurs bruyants, que l'on soupçonne d'être exagérés.**

➌ **Le « on » désigne la cour du roi, qui n'hésite pas à porter un regard critique sur son souverain, aussi puissant soit-il.**

Ni la cour en beautés fertile,
Ni la campagne, ni la ville,
Ni les royaumes d'alentour
Dont on alla faire le tour,
N'en purent fournir une telle ;
L'infante[1] seule était plus belle
Et possédait certains tendres appas[2]
Que la défunte n'avait pas.
Le roi le remarqua lui-même
Et, brûlant d'un amour extrême,
Alla follement s'aviser
Que par cette raison il devait l'épouser.
Il trouva même un casuiste[3]
Qui jugea que le cas se pouvait proposer ➔.
Mais la jeune princesse triste
D'ouïr parler d'un tel amour,
Se lamentait et pleurait nuit et jour.

De mille chagrins l'âme pleine,
Elle alla trouver sa marraine,
Loin, dans une grotte à l'écart
De nacre et de corail richement étoffée.

---

1. **Infante** : princesse, fille de roi.
2. **Appas** : attraits extérieurs d'une femme, qui suscitent le désir.
3. **Casuiste** : spécialiste de la religion, dont la profession est de résoudre les cas de conscience.

➔ **Le roi parvient à trouver un homme d'église qui estime que le mariage d'un père et de sa fille est possible, qu'on peut en discuter. C'est une allusion critique à certains religieux du XVIIe siècle, qui pouvaient défendre n'importe quoi par amour de l'argumentation ou pour ne pas déplaire aux puissants.**

C'était une admirable fée
Qui n'eut jamais de pareille en son art.
Il n'est pas besoin qu'on vous dise
Ce qu'était une fée en ces bienheureux temps ;
Car je suis sûr que votre mie[1]
Vous l'aura dit dès vos plus jeunes ans.
« Je sais, dit-elle, en voyant la princesse,
Ce qui vous fait venir ici,
Je sais de votre cœur la profonde tristesse ;
Mais avec moi n'ayez plus de souci :
Il n'est rien qui vous puisse nuire
Pourvu qu'à mes conseils vous vous laissiez conduire.
Votre père, il est vrai, voudrait vous épouser ;
Écouter sa folle demande
Serait une faute bien grande,
Mais sans le contredire on le peut refuser ➲.
Dites-lui qu'il faut qu'il vous donne
Pour rendre vos désirs contents,
Avant qu'à son amour votre cœur s'abandonne,
Une robe qui soit de la couleur du temps.
Malgré tout son pouvoir et toute sa richesse,
Quoique le Ciel en tout favorise ses vœux,
Il ne pourra jamais accomplir sa promesse. »

1. **Mie** : nourrice.

➲ **La princesse ne peut s'opposer frontalement à son père car, à cette époque, il n'est pas question de remettre en cause l'autorité du père et du roi. C'est pourquoi la fée propose d'utiliser la ruse.**

Aussitôt la jeune princesse
L'alla dire en tremblant à son père amoureux
Qui dans le moment[1], fit entendre
Aux tailleurs[2] les plus importants
Que s'ils ne lui faisaient, sans trop le faire attendre,
Une robe qui fût de la couleur du temps,
Ils pouvaient s'assurer qu'il les ferait tous pendre.
Le second jour ne luisait[3] pas encor
Qu'on apporta la robe désirée ;
Le plus beau bleu de l'empyrée[4]
N'est pas, lorsqu'il est ceint[5] de gros nuages d'or,
D'une couleur plus azurée.
De joie et de douleur l'infante pénétrée ➲
Ne sait que dire ni comment
Se dérober à son engagement.
« Princesse, demandez-en une,
Lui dit sa marraine tout bas,
Qui plus brillante et moins commune[6],
Soit de la couleur de la lune.
Il ne vous la donnera pas. »

1. **Dans le moment** : immédiatement.
2. **Tailleurs** : artisans qui confectionnent les vêtements.
3. **Luisait** : brillait.
4. **Empyrée** : voute céleste.
5. **Ceint** : entouré de.
6. **Commune** : banale.

➲ **La princesse éprouve à la fois de la joie devant sa belle robe et de la douleur à l'idée que cette robe implique de se marier avec son père.**

À peine la princesse en eut fait la demande,
Que le roi dit à son brodeur[1] :
« Que l'astre de la nuit n'ait pas plus de splendeur,
Et que dans quatre jours sans faute on me la rende. »

Le riche habillement fut fait au jour marqué,
Tel que le roi s'en était expliqué.
Dans les cieux où la nuit a déployé ses voiles,
La lune est moins pompeuse[2] en sa robe d'argent,
Lors même[3] qu'au milieu de son cours diligent
Sa plus vive clarté fait pâlir les étoiles.

La princesse, admirant ce merveilleux habit,
Était à consentir presque délibérée ➲ ;
Mais, par sa marraine inspirée,
Au prince amoureux elle dit :
« Je ne saurais être contente
Que je n'aie une robe encore plus brillante
Et de la couleur du soleil. »
Le prince qui l'aimait d'un amour sans pareil,
Fit venir aussitôt un riche lapidaire[4]
Et lui commanda de la faire
D'un superbe tissu d'or et de diamants,
Disant que s'il manquait à le bien satisfaire,
Il le ferait mourir au milieu des tourments[5].

1. **Brodeur** : artisan qui décore les tissus en y cousant des motifs de fils ou de perles.
2. **Pompeuse** : somptueuse, grandiose.
3. **Lors même que** : même lorsque.
4. **Lapidaire** : celui qui taille et polit les pierres précieuses.
5. **Tourments** : ici, tortures.

➲ **Devant ce « merveilleux habit », la princesse est presque décidée à accepter le mariage interdit.**

Le prince fut exempt[1] de s'en donner la peine,
Car l'ouvrier industrieux[2],
Avant la fin de la semaine,
Fit apporter l'ouvrage précieux,
Si beau, si vif, si radieux,
Que le blond amant de Clymène ➲
Lorsque sur la voûte des cieux
Dans son char d'or il se promène,
D'un plus brillant éclat n'éblouit pas les yeux.

L'infante que ces dons achèvent de confondre[3],
À son père, à son roi ne sait plus que répondre.
Sa marraine aussitôt la prenant par la main :
« Il ne faut pas, lui dit-elle à l'oreille,
Demeurer en si beau chemin.
Est-ce une si grande merveille
Que tous ces dons que vous en recevez,
Tant qu'il aura l'âne que vous savez,
Qui d'écus d'or sans cesse emplit sa bourse ?
Demandez-lui la peau de ce rare animal.
Comme il est toute sa ressource,
Vous ne l'obtiendrez pas, ou je raisonne mal. »

1. **Exempt** : dispensé.
2. **Industrieux** : qui a du savoir-faire, de l'ingéniosité.
3. **Confondre** : ici, troubler, remplir de confusion.

➲ **Dans la mythologie gréco-latine, l'amant de Clymène est Helios, dieu du Soleil, qui est traditionnellement représenté dans un char qui traverse le ciel. La comparaison met en valeur l'éclat extraordinaire de la robe couleur de soleil.**

Cette fée était bien savante,
Et cependant elle ignorait encor
Que l'amour violent pourvu qu'on le contente,
Compte pour rien l'argent et l'or ➲ ;
La peau fut galamment aussitôt accordée
Que l'infante l'eut demandée.

Cette peau quand on l'apporta
Terriblement l'épouvanta
Et la fit de son sort amèrement se plaindre.
Sa marraine survint et lui représenta[1]
Que quand on fait le bien on ne doit jamais craindre[2] ;
Qu'il faut laisser penser au roi
Qu'elle est tout à fait disposée
À subir avec lui la conjugale loi,
Mais qu'au même moment, seule et bien déguisée,
Il faut qu'elle s'en aille en quelque État lointain
Pour éviter un mal si proche et si certain.

« Voici, poursuivit-elle, une grande cassette[3]
Où nous mettrons tous vos habits,
Votre miroir, votre toilette[4],
Vos diamants et vos rubis.

1. **Représenta** : expliqua.
2. **Craindre** : ici, employé sans complément d'objet, éprouver un sentiment d'inquiétude.
3. **Cassette** : petit coffre de bois.
4. **Toilette** : ensemble des vêtements et accessoires qui servent à se parer.

➲ **Le désir du roi est si vif qu'il est prêt à y sacrifier son âne, c'est-à-dire toute sa richesse. Le présent de vérité générale souligne que, pour Perrault, tous ceux qui sont saisis « d'amour violent » n'accordent plus aucune importance à l'argent.**

Je vous donne encor ma baguette ;
En la tenant en votre main,
La cassette suivra votre même chemin,
Toujours sous la terre cachée ;
Et lorsque vous voudrez l'ouvrir,
À peine mon bâton la terre aura touchée,
Qu'aussitôt à vos yeux elle viendra s'offrir.

Pour vous rendre méconnaissable,
La dépouille de l'âne est un masque admirable ➲.
Cachez-vous bien dans cette peau,
On ne croira jamais, tant elle est effroyable,
Qu'elle renferme rien de beau. »

La princesse ainsi travestie
De chez la sage fée à peine fut sortie,
Pendant la fraîcheur du matin,
Que le prince qui pour la fête
De son heureux hymen[1] s'apprête,
Apprend tout effrayé son funeste[2] destin.
Il n'est point de maison, de chemin, d'avenue
Qu'on ne parcoure promptement[3] ;
Mais on s'agite vainement,
On ne peut deviner ce qu'elle est devenue.

1. **Hymen** : mariage.
2. **Funeste** : qui apporte la désolation.
3. **Promptement** : sans tarder.

➲ **La fée engage la princesse à se cacher sous la peau de l'âne mort. Sa beauté ayant causé son malheur, il lui faut à présent la préserver des regards.**

Partout se répandit un triste et noir chagrin ;
Plus de noces, plus de festin,
Plus de tarte, plus de dragées ;
Les dames de la cour, toutes découragées,
N'en dînèrent point la plupart ➲ ;
Mais du curé surtout la tristesse fut grande,
Car il en déjeuna fort tard,
Et qui pis est n'eut point d'offrande[1].

L'infante cependant poursuivait son chemin,
Le visage couvert d'une vilaine crasse ;
À tous passants elle tendait la main[2],
Et tâchait pour servir de trouver une place ➲ ;
Mais les moins délicats et les plus malheureux
La voyant si maussade[3] et si pleine d'ordure,
Ne voulaient écouter ni retirer[4] chez eux
Une si sale créature.
Elle alla donc bien loin, bien loin, encor plus loin ;
Enfin elle arriva dans une métairie[5]
Où la fermière avait besoin
D'une souillon[6], dont l'industrie[7]
Allât jusqu'à savoir bien laver des torchons
Et nettoyer l'auge[8] aux cochons.

1. **Offrande** : ici, don fait à l'église lorsqu'une messe de mariage est célébrée.
2. **Tendre la main** : mendier.
3. **Maussade** : ici, désagréable à voir, sale.
4. **Retirer** : ici, recueillir.
5. **Métairie** : domaine agricole.
6. **Souillon** : servante employée pour faire la vaisselle et les travaux salissants.
7. **Industrie** : compétence.
8. **Auge** : grand récipient qui contient la nourriture des animaux.

➲ **Perrault se moque ici des gens de la cour dont les peines sont bien superficielles.**

➲ **Construction de phrase inversée : il s'agit pour la princesse de trouver « une place pour servir », autrement dit, un travail de servante.**

LECTURE ACTIVE 2

La fuite • vers 228 à 253.

As-tu bien lu ?

1 Comment le Roi réagit-il à la disparition de sa fille ?

2 Le narrateur se moque des gens de la cour car ils ne pensent :
☐ qu'à dormir ☐ qu'à manger ☐ qu'au Roi

3 La princesse attirait tous les regards par sa beauté.
Maintenant qu'elle est vêtue de sa peau d'âne, quelles réactions suscite-t-elle ?

Atelier

On improvise !

▸ ***Objectif.*** Développer un récit grâce à l'improvisation collective.

▸ ***Préparation.*** Divisez-vous en trois groupes pour incarner les personnages présents dans le passage. N'hésitez pas à ajouter des personnages supplémentaires !

Groupe	le Roi et ses serviteurs	la cour	Peau d'Âne et les passants
Passage	v. 228 à 237	v. 238 à 245	v. 246 à 253
Personnages (à compléter)	le Roi le ministre une cuisinière…	le curé une dame de la cour gourmande…	Peau d'Âne un bourgeois un passant pauvre…

▸ ***Réalisation.*** Chacun des groupes passe « sur scène » tour à tour. Le but est d'improviser un dialogue à partir des amorces ci-dessous.
• Un des serviteurs dit: « la Princesse a disparu ! » : comment réagissent les personnages que vous avez imaginés ?
• Un des courtisans dit : « Le mariage n'aura pas lieu ! »…
• Peau d'Âne dit : « Je cherche un travail de servante »…

On la mit dans un coin au fond de la cuisine
Où les valets, insolente vermine[1],
Ne faisaient que la tirailler,
La contredire et la railler[2] ;
Ils ne savaient quelle pièce[3] lui faire,
La harcelant à tout propos ;
Elle était la butte[4] ordinaire
De tous leurs quolibets[5] et de tous leurs bons mots.

Elle avait le dimanche un peu plus de repos
Car, ayant du matin fait sa petite affaire,
Elle entrait dans sa chambre et tenant son huis[6] clos,
Elle se décrassait, puis ouvrait sa cassette,
Mettait proprement sa toilette,
Rangeait dessus ses petits pots.
Devant son grand miroir, contente et satisfaite,
De la lune tantôt la robe elle mettait,
Tantôt celle où le feu du soleil éclatait,
Tantôt la belle robe bleue
Que tout l'azur des cieux ne saurait égaler,
Avec ce chagrin seul que leur traînante queue[7]
Sur le plancher trop court ne pouvait s'étaler.
Elle aimait à se voir jeune, vermeille[8] et blanche
Et plus brave[9] cent fois que nulle autre n'était ;

1. **Vermine** : gens méprisables.
2. **Railler** : se moquer de.
3. **Quelle pièce lui faire** : quel mauvais tour lui jouer.
4. **Butte** : ici, cible.
5. **Quolibets** : propos moqueurs ou injurieux.
6. **Huis** : porte.
7. **Queue** : traine d'une robe, qui s'étale par terre.
8. **Vermeille** : ici, d'un teint rose et frais.
9. **Brave** : ici, bien habillée, de belle apparence.

Ce doux plaisir la sustentait[1]
Et la menait jusqu'à l'autre dimanche.

J'oubliais à dire en passant
Qu'en cette grande métairie
D'un roi magnifique et puissant
Se faisait la ménagerie[2],
Que là, poules de barbarie,
Râles, pintades, cormorans,
Oisons musqués, canes petières,
Et mille autres oiseaux de bizarres manières[3]
Entre eux presque tous différents,
Remplissaient à l'envi dix cours toutes entières.

Le fils du roi dans ce charmant séjour
Venait souvent au retour de la chasse
Se reposer, boire à la glace[4]
Avec les seigneurs de sa cour.
Tel ne fut point le beau Céphale ➋ :
Son air était royal, sa mine martiale[5]
Propre à faire trembler les plus fiers bataillons.

1. **La sustentait** : lui permettait de tenir.
2. **Ménagerie** : ici, il s'agit d'un élevage d'oiseaux divers.
3. **Manières** : ici, allures.
4. **Boire à la glace** : boire de l'eau rafraichie par de la glace.
5. **Martiale** : qui a du goût et de l'aptitude pour le combat.

➋ **Dans la mythologie grecque, Céphale est enlevé par une déesse lors d'une chasse. La comparaison met en valeur le prince.**

Peau d'Âne de fort loin le vit avec tendresse,
Et reconnut par cette hardiesse[1]
Que sous sa crasse et ses haillons
Elle gardait encor le cœur d'une princesse.
« Qu'il a l'air grand, quoiqu'il l'ait négligé ➲,
Qu'il est aimable, disait-elle,
Et que bienheureuse est la belle
À qui son cœur est engagé !
D'une robe de rien s'il m'avait honorée ➲,
Je m'en trouverais plus parée
Que de toutes celles que j'ai. »

Un jour le jeune prince errant à l'aventure
De basse-cour en basse-cour,
Passa dans une allée obscure
Où de Peau d'Âne était l'humble séjour.
Par hasard il mit l'œil au trou de la serrure.
Comme il était fête ce jour ➲,
Elle avait pris une riche parure
Et ses superbes vêtements
Qui, tissus de fin or et de gros diamants,

1. **Hardiesse** : liberté qu'on prend.

➲ Le « l' » reprend « l'air » : le prince a donc « l'air négligé », c'est-à-dire, peu soigné. À l'époque de Perrault, la propreté et le soin de sa personne sont des qualités liées à la féminité, la virilité se caractérisant essentiellement par la force.

➲ Si, comme son père, il avait voulu la séduire, le prince n'aurait pas eu à trouver des robes extraordinaires : « une robe de rien » aurait suffi.

➲ C'est-à-dire qu'on était dimanche. C'est pourquoi la princesse a revêtu sa belle robe couleur de soleil.

Égalaient du soleil la clarté la plus pure.
Le prince au gré de son désir
La contemple et ne peut qu'à peine,
En la voyant, reprendre haleine,
Tant il est comblé de plaisir.
➲ Quels que soient les habits, la beauté du visage,
Son beau tour[1], sa vive blancheur,
Ses traits fins, sa jeune fraîcheur
Le touchent cent fois davantage ;
Mais un certain air de grandeur,
Plus encore une sage et modeste pudeur,
Des beautés de son âme assuré témoignage,
S'emparèrent de tout son cœur.

Trois fois, dans la chaleur du feu qui le transporte ➲,
Il voulut enfoncer la porte ;
Mais croyant voir une divinité,
Trois fois par le respect son bras fut arrêté.

Dans le palais, pensif il se retire,
Et là, nuit et jour, il soupire ;
Il ne veut plus aller au bal
Quoiqu'on soit dans le carnaval.

1. **Tour** : ici, forme (du visage).

➲ **Vers 327-334 : cette longue phrase complexe hiérarchise les qualités de la princesse. Les beautés de son visage touchent le prince cent fois davantage que ses beaux habits ; mais plus encore que son visage, son air de grandeur et surtout sa pudeur lui assurent que son âme est belle.**

➲ **Le feu est une métaphore traditionnelle qui évoque l'intensité de la passion amoureuse.**

Il hait la chasse, il hait la comédie,
Il n'a plus d'appétit, tout lui fait mal au cœur ;
Et le fond de sa maladie
Est une triste et mortelle langueur[1].

Il s'enquit[2] quelle était cette nymphe[3] admirable
Qui demeurait dans une basse-cour
Au fond d'une allée effroyable,
Où l'on ne voit goutte[4] en plein jour.
« C'est, lui dit-on, Peau d'Âne, en rien nymphe ni belle
Et que Peau d'Âne l'on appelle,
À cause de la peau qu'elle met sur son cou ;
De l'amour c'est le vrai remède,
La bête en un mot la plus laide,
Qu'on puisse voir après le loup. »
On a beau dire, il ne saurait le croire ;
Les traits que l'amour a tracés,
Toujours présents à sa mémoire,
N'en seront jamais effacés.
Cependant la reine sa mère,
Qui n'a que lui d'enfant, pleure et se désespère ;
De déclarer son mal elle le presse en vain,
Il gémit, il pleure, il soupire,
Il ne dit rien, si ce n'est qu'il désire
Que Peau d'Âne lui fasse un gâteau de sa main ;
Et la mère ne sait ce que son fils veut dire.
« Ô ciel ! Madame, lui dit-on,

1. **Langueur** : affaiblissement physique ou moral.
2. **S'enquit** : chercha à savoir.
3. **Nymphe** : jeune fille gracieuse et bien faite.
4. **On ne voit goutte** : on ne voit rien.

Cette Peau d'Âne est une noire taupe
Plus vilaine encore et plus gaupe[1]
Que le plus sale marmiton[2].
– N'importe, dit la reine, il faut le satisfaire
Et c'est à cela seul que nous devons songer. »
Il aurait eu de l'or, tant l'aimait cette mère,
S'il en avait voulu manger.

Peau d'Âne donc prend sa farine
Qu'elle avait fait bluter[3] exprès
Pour rendre sa pâte plus fine,
Son sel, son beurre et ses œufs frais ;
Et pour bien faire sa galette,
S'enferme seule en sa chambrette.

D'abord elle se décrassa
Les mains, les bras et le visage,
Et prit un corps[4] d'argent que vite elle laça
Pour dignement faire l'ouvrage
Qu'aussitôt elle commença.
On dit qu'en travaillant un peu trop à la hâte,
De son doigt par hasard il tomba dans la pâte
Un de ses anneaux de grand prix ;
Mais ceux qu'on tient savoir le fin de cette histoire ➲
Assurent que par elle exprès il y fut mis ;

1. **Gaupe** : malpropre.
2. **Marmiton** : jeune aide de cuisine.
3. **Bluter** : tamiser la farine pour la rendre blanche et fine.
4. **Corps** : vêtement féminin qui se lace autour du torse.

➲ **Il y a donc deux versions de ce conte traditionnel : l'une dit que l'anneau est tombé par hasard ; l'autre, que la princesse l'a fait exprès. Perrault choisit la deuxième version, connue des plus experts, car il estime que les femmes savent très bien ce qu'elles font quand il s'agit de séduire.**

Et pour moi franchement, je l'oserais bien croire,
Fort sûr que, quand le prince à sa porte aborda
Et par le trou la regarda,
Elle s'en était aperçue.
Sur ce point la femme est si drue[1],
Et son œil va si promptement,
Qu'on ne peut la voir un moment
Qu'elle ne sache qu'on l'a vue.
Je suis bien sûr encor, et j'en ferais serment,
Qu'elle ne douta point que de son jeune amant
La bague ne fût bien reçue.

On ne pétrit jamais un si friand morceau,
Et le prince trouva la galette si bonne
Qu'il ne s'en fallut rien que d'une faim gloutonne
Il n'avalât aussi l'anneau.
Quand il en vit l'émeraude admirable,
Et du jonc d'or le cercle étroit,
Qui marquait la forme du doigt,
Son cœur en fut touché d'une joie incroyable ;
Sous son chevet[2] il le mit à l'instant,
Et son mal toujours augmentant,
Les médecins sages d'expérience,
En le voyant maigrir de jour en jour,
Jugèrent tous, par leur grande science,
Qu'il était malade d'amour.

1. **Drue** : vive, dégourdie.
2. **Chevet** : oreiller.

Comme l'hymen, quelque mal qu'on en die[1],
Est un remède exquis pour cette maladie,
On conclut à le marier ;
Il s'en fit quelque temps prier,
Puis dit : « Je le veux bien, pourvu que l'on me donne
En mariage la personne
Pour qui cet anneau sera bon. »
À cette bizarre demande,
De la reine et du roi la surprise fut grande ;
Mais il était si mal qu'on n'osa dire non.

Voilà donc qu'on se met en quête
De celle que l'anneau, sans nul égard du sang[2],
Doit placer dans un si haut rang ;
Il n'en est point qui ne s'apprête
À venir présenter son doigt,
Ni qui veuille céder son droit.

Le bruit ayant couru que pour prétendre au prince,
Il faut avoir le doigt bien mince,
Tout charlatan, pour être bienvenu,
Dit qu'il a le secret de le rendre menu[3].
L'une, en suivant son bizarre caprice,
Comme une rave le ratisse ;

1. **Qu'on en die** : qu'on en dise.
2. **Sans nul égard du sang** : sans considérer l'origine sociale.
3. **Menu** : mince, de faible épaisseur.

Le rang de princesse, que le souhait du prince rend apparemment accessible à toute femme au doigt fin.

La dame en question pèle son doigt comme une pomme de terre ou une carotte, dans le but de l'amincir.

L'autre en coupe un petit morceau ;
Une autre en le pressant croit qu'elle le rapetisse ;
Et l'autre, avec de certaine eau,
Pour le rendre moins gros en fait tomber la peau ;
Il n'est enfin point de manœuvre
Qu'une dame ne mette en œuvre,
Pour faire que son doigt cadre bien à l'anneau.

L'essai fut commencé par les jeunes princesses,
Les marquises et les duchesses ;
Mais leurs doigts, quoique délicats,
Étaient trop gros et n'entraient pas.
Les comtesses, et les baronnes,
Et toutes les nobles personnes,
Comme elles tour à tour présentèrent leur main
Et la présentèrent en vain.

Ensuite vinrent les grisettes[1],
Dont les jolis et menus doigts,
Car il en est de très bien faites,
Semblèrent à l'anneau s'ajuster quelquefois.
Mais la bague, toujours trop petite ou trop ronde,
D'un dédain presque égal rebutait tout le monde.

Il fallut en venir enfin
Aux servantes, aux cuisinières,

1. **Grisettes** : jeunes filles employées de maison ou couturières, dont les vêtements étaient souvent faits d'étoffe grise.

Aux tortillons[1], aux dindonnières[2],
En un mot à tout le fretin[3],
Dont les rouges et noires pattes,
Non moins que les mains délicates,
Espéraient un heureux destin.
Il s'y présenta mainte fille
Dont le doigt, gros et ramassé,
Dans la bague du prince eût aussi peu passé
Qu'un câble au travers d'une aiguille.

On crut enfin que c'était fait,
Car il ne restait en effet
Que la pauvre Peau d'Âne au fond de la cuisine.
Mais comment croire, disait-on,
Qu'à régner le Ciel la destine ?
Le prince dit : « Et pourquoi non ?
Qu'on la fasse venir. » Chacun se prit à rire,
Criant tout haut : « Que veut-on dire,
De faire entrer ici cette sale guenon ? »
Mais lorsqu'elle tira de dessous sa peau noire[4]
Une petite main qui semblait de l'ivoire
Qu'un peu de pourpre[5] a coloré,
Et que de la bague fatale,
D'une justesse[6] sans égale,

1. **Tortillons** : servantes, souvent coiffées de tortillons, c'est-à-dire de mèches entortillées en macarons au-dessus des oreilles.
2. **Dindonnières** : gardiennes de dindons et, par extension, filles de la campagne.
3. **Fretin** : gens de petite condition sociale, à qui on donne peu d'importance.
4. **Peau noire** : celle de l'âne qui cache la princesse depuis sa fuite.
5. **Pourpre** : rouge éclatant.
6. **Justesse** : ici, exactitude, précision.

Son petit doigt fut entouré,
La cour fut dans une surprise
Qui ne peut pas être comprise.

On la menait au roi dans ce transport[1] subit[2] ;
Mais elle demanda qu'avant que de paraître
Devant son seigneur et son maître,
On lui donnât le temps de prendre un autre habit.
De cet habit, pour la vérité dire,
De tous côtés on s'apprêtait à rire ;
Mais lorsqu'elle arriva dans les appartements,
Et qu'elle eut traversé les salles
Avec ses pompeux vêtements
Dont les riches beautés n'eurent jamais d'égales ;
Que ses aimables cheveux blonds
Mêlés de diamants, dont la vive lumière
En faisait autant de rayons,
Que ses yeux bleus, grands, doux et longs,
Qui pleins d'une majesté fière
Ne regardent jamais sans plaire et sans blesser[3],
Et que sa taille enfin si menue et si fine
Qu'avecque ➲ ses deux mains on eût pu l'embrasser,
Montrèrent leurs appas et leur grâce divine,
Des dames de la cour, et de leurs ornements
Tombèrent tous les doux agréments ➲.

1. **Transport** : vive émotion.
2. **Subit** : qui arrive de manière imprévue.
3. **Blesser** : ici, marquer profondément.

➲ **Dans les textes poétiques, on peut utiliser « avec » (2 syllabes) ou « avecque » (3 syllabes), ce qui permet d'équilibrer le vers.**

➲ **La princesse est si belle qu'elle éclipse tous les « doux agréments » des autres femmes, c'est-à-dire tout leur pouvoir de séduction.**

Dans la joie et le bruit de toute l'assemblée,
Le bon roi ne se sentait pas
De voir sa bru[1] posséder tant d'appas ;
La reine en était affolée,
Et le prince son cher amant,
De cent plaisirs l'âme comblée,
Succombait sous le poids de son ravissement.

Pour l'hymen aussitôt chacun prit ses mesures.
Le monarque en pria tous les rois d'alentour,
Qui, tous brillants de diverses parures,
Quittèrent leurs États pour être à ce grand jour.
On en vit arriver des climats de l'aurore ➲,
Montés sur de grands éléphants ;
Il en vint du rivage more[2],
Qui, plus noirs et plus laids encore,
Faisaient peur aux petits enfants ➲ ;
Enfin de tous les coins du monde,
Il en débarque et la cour en abonde.

Mais nul prince, nul potentat[3],
N'y parut avec tant d'éclat
Que le père de l'épousée,
Qui d'elle autrefois amoureux

1. **Bru** : belle-fille.
2. **Le rivage more** : l'Afrique du Nord.
3. **Potentat** : souverain absolu d'un grand État.

➲ **L'aurore désigne l'est (là où le soleil se lève). Les « climats de l'aurore » est une périphrase qui désigne l'Orient l'Orient, c'est-à-dire, l'Asie.**

➲ **Les rois d'Asie et surtout d'Afrique ont le teint plus foncé que les Européens, et, au XVIIe siècle, on les trouve « noirs », « laids » et très impressionnants. Il est alors extrêmement rare de rencontrer des gens venus de si loin.**

Avait avec le temps purifié les feux
Dont son âme était embrasée.
Il en avait banni tout désir criminel,
Et de cette odieuse flamme
Le peu qui restait dans son âme
N'en rendait que plus vif son amour paternel.
Dès qu'il la vit : « Que béni soit le Ciel
Qui veut bien que je te revoie,
Ma chère enfant », dit-il et, tout pleurant de joie,
Courut tendrement l'embrasser ;
Chacun à son bonheur voulut s'intéresser,
Et le futur époux était ravi d'apprendre
Que d'un roi si puissant il devenait le gendre.
Dans ce moment la marraine arriva
Qui raconta toute l'histoire,
Et par son récit acheva
De combler Peau d'Âne de gloire.

Il n'est pas malaisé de voir
Que le but de ce conte est qu'un enfant apprenne
Qu'il vaut mieux s'exposer à la plus rude peine
Que de manquer à son devoir ;
Que la vertu peut être infortunée,
Mais qu'elle est toujours couronnée ;

Que contre un fol amour et ses fougueux transports
La raison la plus forte est une faible digue[1],

1. **Digue** : obstacle qui retient une force qu'on juge dangereuse.

LECTURE ACTIVE 3

La morale du conte • vers 548 à 571.

As-tu bien lu ?

1 Perrault propose des morales différentes, séparées par des points-virgules. Combien en comptes-tu ?
☐ 2 ☐ 5 ☐ 12

2 Perrault se montre très critique envers :
☐ les femmes ☐ les enfants ☐ les puissants

3 Quelles qualités valorise-t-il ? (plusieurs réponses)
☐ le courage
☐ la maîtrise de soi
☐ la force
☐ la modestie
☐ la prudence

4 Pourquoi, selon toi, le conte de Peau d'Âne est-il « difficile à croire » ?

Atelier

Des morales et des points de vue

▶ ***Objectif.*** Comprendre qu'il n'y a pas qu'une seule morale possible.

▶ ***Préparation.*** Chacun exprime la leçon qu'il a retenue de cette histoire en rédigeant une ou deux phrases au présent de vérité générale. Pour formuler ses idées, on peut commencer sa phrase par : « En lisant ce conte, j'ai compris que… ».

▶ ***Réfléchir ensemble.*** Écrivez au tableau les phrases rédigées par tous les participants. Comparez-les avec les morales de Charles Perrault : tirez-vous d'autres conclusions que lui ? Êtes-vous d'accord avec toutes les idées qu'il exprime ?

Et qu'il n'est point de si riches trésors
Dont un amant ne soit prodigue[1] ;

Que de l'eau claire et du pain bis[2]
Suffisent pour la nourriture
De toute jeune créature,
Pourvu qu'elle ait de beaux habits ;
Que sous le ciel il n'est point de femelle
Qui ne s'imagine être belle,
Et qui souvent ne s'imagine encor
Que si des trois beautés la fameuse querelle ➲
S'était démêlée avec elle,
Elle aurait eu la pomme d'or.

Le conte de Peau d'Âne est difficile à croire ;
Mais tant que dans le monde on aura des enfants,
Des mères et des mères-grands,
On en gardera la mémoire.

1. **Prodigue** : qui donne généreusement, parfois avec excès.
2. **Pain bis** : pain gris-brun, de qualité inférieure au pain blanc.

➲ **Référence à l'épisode mythologique de « la pomme d'or » qui devait désigner la plus belle des déesses, opposant vivement Héra, Athéna et Aphrodite. Perrault ironise ici sur la prétention des femmes, qui, à l'exemple de la femme du roi, ne doutent pas de leur séduction.**

Peau d'Âne

de Jacques Demy (1970)

Fiche technique

France, 1970, 85 minutes, couleur.

- Réalisation : Jacques Demy.
- Scénario : Jacques Demy, d'après le conte de Charles Perrault.
- Musique : écrite et dirigée par Michel Legrand.
- Prises de vues : Ghislain Cloquet.
- Son : André Hervée.
- Montage : Anne-Marie Cotret.
- Scripte : Annie Maurel.
- Maquettes des décors : Jim Leon. Réalisées par : Jacques Dugied.
- Costumes : Pace Tirelli et Gitt Martini.
- Coiffures : Carita et Alexandre.
- Maquillage : Alex Marcus, Éliane Marcus.
- Coproduction : Parc Film, Marianne Productions.
- Distribution : Ciné-Tamaris.
- Interprétation : Catherine Deneuve (la mère de Peau d'Âne / Peau d'Âne), Jean Marais (le Roi du château bleu), Delphine Seyrig (la Fée des Lilas), Jacques Perrin (le Prince du château rouge), Micheline Presle (la Reine), Fernand Ledoux (le Roi), Henri Crémieux (le Médecin), Sacha Pitoeff (le Premier ministre), Pierre Repp (Thibaud), Jean Servais (le Récitant).

EXTRAIT DU SCÉNARIO

Scène 7

00:03:00 à 00:03:49

7 Le dais et l'âne

VOIX OFF

... c'est qu'au lieu le plus apparent un âne étalait ses deux grandes oreilles. Cette injustice peut vous surprendre mais lorsque vous saurez ses vertus non pareilles, vous ne trouverez pas que l'honneur fût trop grand...

- *Une cloche sonne huit heures.*
- *Le Roi s'est arrêté près de l'Âne et le caresse, le flatte, lui parle à l'oreille, fait le tour de l'animal et vient se planter devant lui.*
- *Le Roi sourit à l'Âne.*
- *L'Âne hoche la tête et on entend résonner une cascade métallique.*
- *Le Roi rit franchement.*
- *Une seconde cascade d'écus d'or et de diamants tombe sur une plaque d'argent posée entre les pattes arrière de l'Âne.*
- *L'Âne hoche la tête à nouveau et une troisième cascade d'écus dégringole, accompagnée d'un joyeux hi-han !*
- *Le Roi caresse l'Âne. En premier plan, deux valets se précipitent avec un petit balai, mettent les pièces en tas, prennent la plaque d'argent qu'ils tendent au Roi. Le Roi prend dans sa main une poignée d'écus et de diamants qu'il laisse tomber un à un.*

Un éclair. Un coup de tonnerre.

VOIX OFF

Mais les vicissitudes de la vie s'étendent aussi bien sur les rois que sur les sujets et les plus grands biens sont toujours mêlés de quelques maux.

LECTURE ACTIVE 4

La présentation de l'âne • scène 7

As-tu bien lu ?

1 Quels sont les deux moyens utilisés pour faire comprendre que l'âne « fait » de l'or et des diamants, sans le montrer directement ?

2 Observe la mise en page de l'extrait de scénario : comment prépare-t-elle les différents plans prévus pour le tournage ?

3 Qu'est-ce qui annonce l'événement perturbateur ?

☐ une cloche qui sonne
☐ un grand cri
☐ un éclair et un coup de tonnerre

Atelier cinéma

Créer un *story-board**

▶ ***Objectif.*** Comprendre le passage du scénario au film.

▶ ***Préparation.*** Trace, sur une feuille de papier blanc, 8 cases de taille égale. Relis l'extrait du scénario sans tenir compte des passages en voix-off.

▶ ***Réalisation.*** Sur ta feuille, dessine de manière schématique les plans* suggérés par le texte, en commençant par l'image de la cloche. En bas de chaque case, indique, en rouge, le son qui accompagne l'image.

▶ ***Réfléchir ensemble.*** Regardez la scène du film correspondant à l'extrait de scénario. Comptez le nombre de plans : que remarquez-vous ? Commentez vos différents travaux en les comparant à la mise en images du film.

EXTRAIT DU SCÉNARIO

Scène 26

00:16:56 à 00:20:29

26 La grotte de la Fée

Des stalactites de diamants. Des lustres. Des fourrures. Des fleurs. Des miroirs. Des colombes. La Fée, en déshabillé, se brosse les ongles, assise devant sa coiffeuse. La Princesse entre.

LA FÉE
Vous, à cette heure ? Vous savez que j'ai horreur qu'on me surprenne. Je ne suis pas prête.

La biche blanche est entrée.

LA PRINCESSE
Excusez-moi, marraine, mais ce que j'ai à vous dire est important.

La Princesse éclate en sanglots. La Fée s'approche de la Princesse et lui pose un doigt sous le menton.

LA FÉE
Allez, ne pleurez pas mon enfant. Les larmes abîment et creusent le visage.

LA PRINCESSE
C'est horrible vraiment.

LA FÉE
Calmez-vous. Ne m'expliquez rien, je suis au courant de tout.

La Fée se tourne vers la biche.

LA FÉE
Laisse-nous. Va jouer dehors.

La biche sort.

LA FÉE
Donnez-moi un instant que j'arrange ma toilette... et séchez vos larmes.

Devant son miroir, la Fée claque deux doigts et son déshabillé se change en robe du matin.

LA FÉE
Décidément je porte très mal le jaune.

La Fée claque à nouveau ses doigts et la robe passe du jaune au lilas.

LA FÉE

Oui… c'est mieux…

Elle s'observe, passe sa main dans ses cheveux et revient vers la Princesse.

LA FÉE

Ma chère enfant, ce serait une grande faute que d'épouser votre père. C'est très simple : il faut le décourager sans le contredire.

LA PRINCESSE

Mais je l'aime.

LA FÉE

Je sais que vous l'aimez. Mais je vous l'ai déjà dit :
vous confondez les amours.

LA PRINCESSE

Il me presse et je dois lui rendre réponse demain.

La Fée regarde la Princesse d'un air grave, puis chante :

LA FÉE

Quoi qu'il en soit :

On n'épouse pas son père
Ma fille
On n'épouse pas

C'est traditionnellement
Une question de culture
On ne mêle pas amant
Parent et progéniture

Prenons un exemple :

Œdipe épousa sa mère
Triste égarement du sexe
Après avoir tué son père
On parle encore du complexe

Non on n'épouse pas son père
Ma fille
On n'épouse pas

Œdipe est un personnage de la mythologie grecque qui commet sans le savoir les grands crimes de tuer son père et d'épouser sa mère.

La chanson de la fée n'est pas la même que celle qu'on entend dans le film. En effet, Jacques Demy l'a retravaillée avec le compositeur Michel Legrand après l'écriture du scénario.

En épousant votre père
Vous devenez à la fois
Votre fille et votre mère
D'où un certain désarroi

Non et non si vous devenez sa femme
Vous ne lui direz plus papa
Il vous appellera Madame
Pis que cela n'existe pas

Non on n'épouse pas son père
Ma fille
On n'épouse pas

Un prince et une bergère
Peuvent s'accorder parfois.
Mais une fille et son père
C'est l'envers avec l'endroit
C'est le chaud avec le froid
C'est un plus un égal trois
C'est...

Non on n'épouse pas son père
Ma fille
On n'épouse pas.

La Fée revient vers la Princesse assise sur les fourrures.

LA FÉE
Ne vous tourmentez plus. Rien de fâcheux ne vous arrivera si vous suivez fidèlement mes conseils.

LA PRINCESSE
Vous croyez ?

LA FÉE
Les fées ont toujours raison. Il faut mettre votre père dans une situation impossible. Vous allez lui dire que, pour satisfaire une fantaisie que vous avez, vous aimeriez avoir... je ne sais pas... je dis ce qui me passe par la tête... une robe couleur du temps.

LA PRINCESSE
Une robe couleur du temps ?

LA FÉE
C'est horriblement compliqué et très coûteux. Jamais, jamais, avec tout son pouvoir, il ne pourra vous l'obtenir.

LECTURE ACTIVE 5

→ Voir aussi p. 110-115.

La grotte de la Fée • scène 26

As-tu bien lu ?

1 Comment peux-tu caractériser le décor de la grotte de la fée ?

2 Qu'est-ce qui montre que la fée a des pouvoirs magiques ?

3 Coche trois adjectifs qui pourraient qualifier la fée :
- ☐ coquette
- ☐ douce
- ☐ rusée
- ☐ hésitante
- ☐ sûre d'elle
- ☐ naïve

4 Que veut dire la fée quand elle déclare à la Princesse : « vous confondez les amours » ?

Atelier cinéma

Réaliser un trucage

▶ ***Objectif.*** Produire un effet magique grâce au montage* de deux plans.

▶ ***Préparation.*** Formez des groupes de trois : acteur, réalisateur et scripte. Rassemblez quelques habits et accessoires et prévoyez un geste qui marquera un changement « magique » de costume.

▶ ***Réalisation.*** Le réalisateur filme l'acteur en train de faire une action simple (lire, marcher...). Comme la fée, l'acteur paraît insatisfait de son costume et fait le geste prévu.
Le réalisateur met aussitôt son appareil en pause : l'acteur change un élément de son costume puis reprend son action.
Le scripte doit vérifier qu'il est reparti exactement de la même position.

▶ ***Réfléchir ensemble.*** Montrez le résultat final, en n'oubliant pas de couper complètement le son. Recueillez les commentaires.

PHOTOGRAMMES

Scène 73

00:58:06 à 01:01:53

Le Prince, malade d'amour, souhaite que Peau d'Âne lui fasse un gâteau. Le Reine transmet son désir à l'intendant du château, qui part chercher le gâteau.

Dans son livre de recettes, elle choisit le Cake d'amour. Elle commence à chanter, sous la forme d'un dialogue entre ses deux identités : d'un côté, la Princesse, vêtue de sa robe couleur de soleil, qui mélange les ingrédients ; de l'autre, la souillon sous sa peau d'âne, qui lit la recette puis fait le ménage. Elles se répondent en champ-contrechamp*. La Princesse sourit de voir un poussin sortir d'un œuf un peu trop vieux pour être cuisiné, puis elle glisse sa bague dans la pâte, puisque la recette indique qu'« il est temps à présent de glisser un présent pour votre fiancé ». Une fois le gâteau cuit, Peau d'Âne sort de sa hutte pour le donner aux serviteurs du Roi, qu'elle presse de partir.

Plan 23

Plan 24

Plan 38

Plan 39

Reporte-toi au cahier où les plans 23 et 24 sont reproduits en couleurs.

LECTURE ACTIVE 6

SPÉCIAL CINÉMA

La confection du « cake d'amour » • scène 73

As-tu bien observé ?

1 Regarde les 4 images du film reproduites ci-contre. En t'aidant de l'échelle des plans p. 125, indique le type de plans utilisés :
- ☐ plans rapprochés et gros plans
- ☐ plans larges et plans américains

2 Où la caméra est-elle placée par rapport aux deux personnages ?

3 Qu'est-ce qui donne l'impression que les personnages se regardent ?

Atelier cinéma

Champ-contre champ*

▸ ***Objectif.*** Réaliser un dialogue avec soi-même, inspiré de la scène entre la Princesse et Peau d'Âne.

▸ ***Préparation.*** Formez des groupes de deux : acteur et réalisateur. Choisissez deux personnages bien différents qui seront joués par l'acteur assis à une table, et réunissez quelques accessoires pour les caractériser. Imaginez un petit dialogue en 4 répliques. Première mise en espace autour de la table : l'acteur change de place et d'accessoires à chaque réplique.

▸ ***Réalisation.*** Filmez dans l'ordre les 4 plans suivants, en mettant l'appareil sur pause entre deux plans*.

1. plan rapproché	2. plan rapproché	3. gros plan	4. gros plan
Le personnage 1 dit la 1re réplique.	Le personnage 2 dit la 2e réplique.	Le personnage 1 dit la 3e réplique.	Le personnage 2 dit la 4e réplique.

Attention : le réalisateur devra toujours rester du même côté de la table pour qu'on puisse raccorder* les plans.

EXTRAIT DU SCÉNARIO

Scène 94

01:20:51 à 01:23:33

94 La cour du château

– Le Prince et la Princesse entrent dans le champ en costume de noces et s'assoient sur le trône qui est installé dans la cour d'honneur du château. Un bruit leur fait lever la tête.

– La Fée des Lilas et le Roi, père de la Princesse, arrivent en hélicoptère dans la cour du château.

– La Fée se précipite vers la Princesse et lui murmure à l'oreille :

LA FÉE

Tout est arrangé ma chérie. J'épouse votre père. Tâchez de lui faire bonne figure.

La Fée se dirige vers le Prince pour le féliciter tandis que le Roi prend sa fille dans ses bras.

LE ROI

Ma fille... ma chère fille... Tu es là... Nous ne nous quitterons plus.

Dans l'allée qui conduit au château arrivent alors les invités. Le roi des Indes sur un éléphant. Le roi d'Afrique sur un chameau. Le roi de Siam avec ses chats, et des carrosses et des chaises à porteurs, tandis que l'hélicoptère s'éloigne.

VOIX OFF

Le conte de Peau d'Âne est difficile à croire.
Mais tant que dans le monde on aura des enfants
Des mères et des mères grands
On en gardera la mémoire.

Il était une fois Peau d'âne,
Rosalie Varda-Demy et Emmanuel Pierrat,

LECTURE ACTIVE 7

Le mariage dans la cour du château • scène 94

As-tu bien lu et bien regardé ?

1 Comment est annoncée l'arrivée de l'hélicoptère ?
- ☐ par le vent qui secoue les habits des personnages
- ☐ par le son du moteur
- ☐ par un serviteur apeuré

2 Quand un récit comporte un objet ou une idée qui n'existait pas à l'époque de l'histoire, cela s'appelle :
- ☐ un archaïsme
- ☐ un barbarisme
- ☐ un anachronisme

3 Compare l'image du château de Chambord (reproduite p. IV dans le cahier photos) avec le château réel (www.chambord.org). Puis fais la liste des éléments qui ont donné un caractère merveilleux à ce lieu dans le film.

Atelier cinéma

Décor et costumes

▶ ***Objectif.*** Transformer un lieu réel en décor de conte de fées.

▶ ***Préparation.*** Par équipes, procurez-vous des photos d'un lieu public ou privé (cela peut être aussi bien la tour Eiffel qu'une salle de classe). Veillez à disposer de vues d'ensemble et de vues plus rapprochées.

▶ ***Réalisation.*** Sur chacune des photos, ajoutez des éléments « merveilleux » (dessinés ou collés). Pensez à des détails de décor, à des personnages.

▶ ***Réfléchir ensemble.*** Chaque équipe peut ensuite présenter son travail à la classe, qui jugera de la transformation du lieu et de son caractère merveilleux.

Peau d'Âne

de Tahar Ben Jelloun (2014)

Il était une fois un roi fou d'amour pour Sundouce, la dernière femme qu'il avait épousée ➲. Non seulement sa beauté faisait baisser les yeux des hommes par son éclat et sa grâce, mais elle incitait les oiseaux à quitter leurs nids pour chanter au-dessus de sa tête et à l'accompagner chaque fois qu'elle se déplaçait dans les jardins du palais. On parlait de la belle Sundouce comme d'une évidence qui avait changé de fond en comble la vie du roi. Il entreprit bientôt de fermer son harem constitué de douze femmes, chacune représentant une région de son royaume. Il y avait là huit brunes, trois blondes et une rousse. Il les aimait bien grasses et les obligeait à manger des féculents afin de les faire grossir. Certaines, trop minces, suivaient un régime au fenouil grec[1]. L'arrivée de Sundouce avait été un bouleversement pour elles.

Le roi ne les renvoya pas chez elles mais il les libéra, leur offrit des cadeaux et leur trouva même des maris dans le palais. Son amour pour Sundouce était tel qu'il était prêt à tout pour lui prouver combien elle était unique à ses yeux. Ses proches ne le reconnaissaient plus.

Son mariage rendit le roi plus clément[2] avec ses sujets, plus attentif aussi aux problèmes de son peuple. Car cette

1. **Fenouil grec (ou fenugrec)** : plante traditionnellement utilisée au Maroc pour stimuler l'appétit.
2. **Clément** : enclin à pardonner aux coupables ou à modérer ses châtiments.

➲ **Le conte se situe dans le monde arabo-musulman. Dans la suite du conte, plusieurs traditions orientales seront évoquées, comme ici celle du harem.**

merveilleuse épouse était issue d'un milieu modeste et lui laissait entendre qu'il y avait bien des choses à changer dans sa façon de gouverner le pays. Finie l'époque de l'arbitraire[1], des passe-droits[2], des privilèges scandaleux, finies les soirées de débauche[3] qui faisaient tant de bruit dans les chaumières, terminés le gaspillage des richesses du pays et le triomphe de l'égoïsme dont il était interdit de parler sous peine de moisir en prison pour atteinte à la personne sacrée du roi et de sa famille.

Le roi avait changé. Sundouce l'avait changé. Il renvoya certains de ses vizirs[4] connus pour leur incompétence, et surtout rompus à toutes les formes de corruption[5]. Il réorganisa son gouvernement et interdit les conflits d'intérêt. Il écoutait attentivement sa femme et faisait ce qu'elle lui demandait de faire pour améliorer le sort de la population.

Le reste du temps, il le passait dans les bras de Sundouce, qui savait comment lui donner du plaisir et qui lui apprenait que l'amour était autre chose qu'une suite de copulations[6]. Le roi découvrait la douceur et la belle lenteur de l'acte amoureux. Cela le rendait meilleur et fit de lui un homme de qualité.

Il y avait un certain âne, ni grand ni petit, d'apparence presque insignifiante, un âne installé dans une belle pièce à l'entrée du palais et que personne n'avait le droit de taquiner ou même de

1. **Arbitraire** : qui dépend uniquement d'une décision individuelle, et non d'une raison valable pour tous.
2. **Passe-droits** : privilèges qu'on accorde à quelqu'un à l'encontre de la règle générale.
3. **Débauche** : action d'abuser des plaisirs que procurent la boisson, la nourriture ou la sexualité.
4. **Vizirs** : ministres.
5. **Corruption** : agir contre son devoir en échange de dons ou de promesses.
6. **Copulation** : acte purement sexuel, par opposition à l'union amoureuse des corps.

Sundouce influence donc son mari de deux manières : par son intelligence, elle en fait un meilleur roi ; par sa sensualité, elle en fait un meilleur homme.

toucher. L'âne ne manquait de rien. On lui servait la meilleure herbe, les meilleurs légumes, on lui donnait à boire une eau de source, et l'on prenait souvent sa température pour intervenir au plus vite en cas de maladie.

Sundouce avait du mal à comprendre les égards dont on entourait cet animal. Elle aimait bien les ânes et les chevaux, mais pourquoi tant de privilèges ? Un jour, elle en parla à son mari, qui sourit puis lui dit :

« Cet animal est un trésor, il paraît qu'il est le fruit d'un métissage étonnant, il paraît qu'il parle mais je ne l'ai jamais entendu, cependant il comprend notre langue. Demain je vous montrerai ce que nous donne cet âne, et vous serez étonnée. »

Le lendemain, après s'être renseignés sur l'heure à laquelle l'animal se soulageait[1], le roi et sa femme se présentèrent devant lui. Un des gardiens murmura quelque chose à son oreille. L'âne hocha alors la tête et libéra de son derrière des pièces d'or en quantité importante. Elles brillaient au soleil et dégageaient en même temps un parfum agréable.

Sundouce fut impressionnée. Le roi se pencha, ramassa quelques pièces et les offrit à sa belle :

« Touchez, elles sont encore chaudes ! »

Elle demanda s'il était doué de parole. Le gardien opina. L'âne l'imita et éclata de rire.

« Ce n'est pas un âne comme les autres, c'est un Maître Âne ! » dit Sundouce.

Le roi lui répondit :

« Avec cet or nous construirons des routes, des écoles, des hôpitaux. Nous ferons le bien autour de nous. »

1. **Se soulageait** : faisait ses besoins.

Sundouce voulut connaître l'histoire de cet âne. Son mari la prit par le bras et, tandis qu'ils faisaient leur promenade dans les jardins du palais, il lui dit :

« Ma chère, dans la vie, il y a parfois des choses qu'on ne peut ni comprendre ni expliquer. Cela fait longtemps que j'ai renoncé à tout comprendre. Mon père, un grand sage, me disait toujours : "L'intelligence, mon fils, c'est l'incompréhension du monde." ➲ C'était un philosophe, qui était aimé de son peuple. Enfin, un jour, un paysan, pour le remercier d'être intervenu pour que justice soit faite dans une affaire de terre volée, lui offrit cet âne. Mon père fut étonné de ce présent. Le paysan lui dit : "Sire, c'est tout ce que je possède, permettez-moi de vous l'offrir. Une fois ma terre récupérée, j'aurai de quoi acheter tout un troupeau ; cet âne était égaré, je l'ai recueilli chez moi hier, et comme il s'agit d'une belle bête, acceptez je vous prie ce cadeau."

« Le paysan ne savait pas que son âne fabriquait de l'or. Mais mon père sentit que cet âne avait quelque chose de différent par rapport aux autres animaux. Ce fut lui qui l'installa dans cette pièce et désigna Brahim pour s'en occuper.

« La première fois qu'il donna des pièces d'or, Brahim perdit connaissance, sa femme se précipita chez le grand vizir pour lui demander de venir constater ce fait extraordinaire. Quand on en informa mon père, il ne fut pas surpris. Il me dit "Je savais, mais je n'osais pas le dire." »

Sundouce ne répondit qu'une phrase :

« Vous avez raison, je renonce à comprendre ! »

➲ **Autrement dit, il faut accepter de ne pas tout comprendre et se donner ainsi la possibilité d'être curieux et émerveillé.**

Lorsque Sharazade naquit, le roi donna une fête où furent invités tous les couples ayant enfanté ce même jour. Le palais se remplit de gens de toutes conditions. La générosité du roi était sans limite. L'argent ne provenait pas de la caisse du pays, mais avait été prélevé sur ses propres économies. Certains s'étonnèrent de l'éclat donné à une naissance féminine ➲. Mais le roi décréta bientôt la fin de toutes les discriminations pesant sur les femmes et désigna un haut conseil pour réformer le code de la famille. Les religieux n'étaient pas contents. Certains n'hésitèrent pas à le dire, et en termes sévères, à l'occasion du prêche[1] de la prière du vendredi. Le roi les convoqua alors et leur lut certains versets du Coran, dans lesquels Dieu ne fait pas de différence entre l'homme et la femme. Le plus vieux des imams récita à son tour des versets qui affirment le contraire. Alors, le roi eut le courage de dire : « Certes, mais Dieu est juste et il prône l'égalité des droits entre les croyants et les croyantes. » L'incident était clos. Et le nouveau code de la famille fut adopté quelques mois plus tard, même si certains religieux continuaient de s'y opposer dans les mosquées et au sein d'associations pour le Bien et la Vertu.

Sundouce était fière d'avoir inspiré tant de sagesse et de bonté à son mari. Sharazade, elle, était aussi belle et aussi intelligente que sa mère. Le roi passait du temps avec elle, lui racontait des histoires, se promenait avec elle dans les jardins du palais et surveillait de près son éducation. Tout allait bien.

1. **Prêche** : discours s'appuyant sur un passage de l'Écriture, prononcé lors des cultes religieux.

➲ **Des préjugés anciens font de la naissance d'une fille un déshonneur : comme elles ne pouvaient pas travailler ou tenir de rôle dans la société, les filles étaient considérées comme une charge pour la famille.**

LECTURE ACTIVE 8

La situation initiale • lignes 1 à 129

As-tu bien lu ?

1 Quels animaux suivent Sundouce à chacun de ses pas ?
- ☐ des papillons
- ☐ des oiseaux
- ☐ des chats
- ☐ des chameaux

2 Quelles qualités le roi développe-t-il grâce à sa femme ?

3 Pourquoi le roi fait-il une grande fête pour la naissance de sa fille ?

4 Dans l'ensemble du passage, quels mots te font comprendre que l'action se situe en Orient ?

Atelier

Conteur

▶ ***Objectif.*** Dire le début du conte à l'oral en l'inscrivant dans une autre culture.

▶ ***Préparation.*** Choisissez un pays ou une région dans laquelle vous allez situer l'histoire. Faites la liste des éléments qui caractérisent ce lieu (bâtiments, objets, usages).

▶ ***Réalisation.*** Un élève ou un groupe d'élèves est désigné conteur. Il raconte le début de l'histoire en intégrant les éléments définis préalablement. Pour bien organiser son conte, il peut s'appuyer sur la trame suivante : 1) Description du roi et de la reine, 2) Bonheur des époux, 3) Présentation de l'âne, 4) Naissance de la princesse.

▶ ***Réfléchir ensemble.*** Qu'apporte le changement de cadre ? Modifie-t-il profondément l'histoire ?

Tout, sauf la santé de Sundouce ; elle toussait trop souvent et perdait du poids. Les médecins accoururent de tout le pays, mais son état se dégradait de jour en jour. Le roi se cachait pour pleurer.

Il fit venir de l'étranger des professeurs de médecine, des spécialistes en pneumologie[1]. Mais ils repartaient tous en lui disant leurs regrets. Il n'y avait rien à faire. Le mal avançait, et Sundouce perdait son éclat. La fièvre ne baissait pas et la pauvre entrait dans des délires qui n'annonçaient rien de bon.

Juste avant de mourir, Sundouce fit une recommandation au roi :

« Je vous demande pardon de vous quitter si tôt, mais notre vie est entre les mains de Dieu Tout-Puissant. Je vous prie de continuer de vivre et de vous occuper comme vous l'avez toujours fait de notre fille bien-aimée ; surtout, remariez-vous... »

Alors, en larmes, le roi protesta :

« Non, jamais, jamais je ne me remarierai, jamais je ne vous remplacerai, aucune femme n'est digne, de coucher dans votre lit...

– Non, Sire, vous allez vous remarier, mais promettez-moi qu'elle sera plus belle, meilleure que moi.

– Mais aucune femme ne saurait être plus belle ni meilleure que vous... »

Les derniers mots de Sundouce furent : « Pardon, tenez votre promesse, pardon, Sire, mon aimé... »

Elle mourut en plein hiver. Le pays était couvert d'une neige épaisse. La population avait beaucoup de chagrin. Des femmes

1. **Pneumologie** : spécialité médicale consacrée à l'étude du poumon et des bronches.

de toutes conditions vinrent au palais lui rendre un dernier hommage. Une grande tristesse régnait dans le pays. Le roi ne sortait plus, ne réunissait plus ses conseillers et ses vizirs. Il ne recevait plus personne. Pour lui le désastre était immense, et il ne voyait pas comment survivre à cette perte.

Maître Âne, de son côté, ne donnait plus d'or ; il pleurait en silence. Quant à Sharazade, elle prit vite les choses en main et remplaça sa mère à la tête des associations de défense des droits des femmes. Elle était vive et belle, légère et lumineuse. Même si son chagrin était profond et vrai, elle le dépassait par l'action, ce qui obligea bien vite son père à sortir du deuil et à se remettre au travail pour achever les projets initiés par sa défunte épouse. Et comme par miracle, l'âne se remit à donner de l'or une fois tous les deux jours.

Le temps passait, mais le souvenir de Sundouce restait aussi vivace qu'autrefois. Le roi eut même des visions, on dirait aujourd'hui des hallucinations. Quand il regardait sa fille, il voyait sa défunte femme. Certes, elles se ressemblaient beaucoup, mais pas au point qu'on les confondît. Le roi prit pourtant l'habitude de voir se dessiner les traits de sa femme sur ceux de sa fille. Quand il la prenait dans ses bras pour lui faire des câlins, il la serrait si fort contre lui qu'elle s'en trouvait gênée. Sharazade comprit que son père commençait à perdre ses repères, et elle évita dorénavant de se laisser attirer dans ses bras. Il était clair qu'il ne la caressait plus comme un père mais comme un homme désirant une femme. Elle eut du mal à accepter cette idée que son intelligence doublée d'une grande intuition lui avait inspirée. Mais elle n'avait personne à qui se confier. La nuit, elle avait des insomnies et pensait que son père, qui n'arrivait pas à oublier sa femme, pourrait un jour commettre l'irréparable ➲ dans un moment de folie. Elle se disait précisément cela, un soir, quand elle entendit frapper à sa porte. Elle se leva et demanda :

« Qui est là ? »

Une voix de femme lui répondit :

« Je suis Chemsi, la vieille Chemsi. »

C'était une fée. Sharazade ne croyait pas aux fées. Elle s'en méfiait, même. Mais Chemsi s'était occupée d'elle quand elle était petite. Elle la considérait comme sa nounou.

« Ma fille, je sais que tu ne dors pas. Je t'ai apporté une tisane pour éloigner de toi l'insomnie. Et je sais pourquoi tu as du mal à t'endormir. Je sais tout, mais attendons pour voir. En tout cas, je serai là si tu as besoin de moi. »

Elle s'éloigna. Sharazade but la tisane et tomba dans un sommeil profond.

Le lendemain, le roi convoqua sa fille pour lui parler. Elle prit soin de changer d'apparence. Elle fit teindre sa superbe chevelure blonde en noir, s'habilla de vêtements sans élégance et se présenta au roi comme si elle était une étrangère. Pourtant, si elle s'était appliquée à s'enlaidir, elle n'y avait pas vraiment réussi. Son apparence négligée eut même l'effet contraire à celui escompté. Son père lâcha un cri sauvage en tendant vers elle ses bras.

« Mais tu es encore plus belle qu'avant ! »

Elle fit un pas en arrière, de peur qu'il la serrât contre lui.

➲ **Le désespoir du roi est si grand qu'il pourrait le mener à des actions terribles : se suicider ou abuser de sa fille. La princesse a donc peur à la fois pour lui et pour elle-même.**

Photo 1 : Un roi tout-puissant

Photo 2 : La princesse dans sa robe couleur soleil

« Préparez votre... »

Photo 3 : La princesse sous sa peau d'âne

« … préparez votre pâte… »

Photo 4 : Le mariage du prince et de la princesse, plan d'ensemble sur la cour du château

Photo 5 : Le mariage du prince et de la princesse, plan moyen sur les personnages principaux

« Approche, ma fille, j'ai quelque chose à te dire. »

Elle s'assit dans un fauteuil en face de lui et dit, en baissant les yeux :

« Je vous écoute, père.

– Ta maman, juste avant de rendre son dernier souffle, m'a demandé de me remarier, ce que j'ai refusé. Elle a insisté, en posant cependant une condition, bien difficile à remplir : que ma nouvelle épouse soit plus belle qu'elle. Or, tu sais bien, ma fille chérie, qu'aucune femme ne saurait être plus belle que ta mère.

– Alors ne vous remariez pas ! dit-elle sur un ton sec.

– Ma fille, je n'aime pas ce ton.

– Excusez-moi, père. Continuez.

– Je ne peux pas ne pas me marier, notre religion m'y oblige, et puis mon peuple ne comprendrait pas... Je sais qu'il souhaite que je donne au trône un héritier... J'ai réfléchi. J'ai fait faire des enquêtes dans tout le pays. Impossible de trouver une femme plus belle que Sundouce. Alors, l'autre nuit, dans mon sommeil, une idée s'est imposée à moi : plus belle que Sundouce, il n'y a que toi, ma fille. Tu as ses grands yeux, cette superbe chevelure, sa taille si fine et si délicate, tu as sa démarche et son élégance, tu as son intelligence et son humour, bref, tu as tout d'elle et tu es la digne représentante de sa beauté et de sa bonté. C'est pourquoi j'ai décidé de t'épouser. »

À ces mots, Sharazade sursauta, se leva et, en larmes, prit la fuite.

Le roi s'était entretenu avec un théologien[1] dépêché de La Mecque. Se marier avec sa propre fille était strictement interdit

1. **Théologien** : spécialiste de la religion.

par la religion. Ce serait, lui avait dit ce spécialiste, contraire à toutes les lois et pourrait même provoquer des catastrophes naturelles comme des tremblements de terre ou des inondations, qui ruineraient le pays pour toujours. Il cita le verset[1] 23 de la sourate[2] « Les Femmes » : « Vous sont interdites vos mères, vos filles, vos sœurs, vos tantes paternelles, vos tantes maternelles, les filles de vos frères, les filles de vos sœurs, vos mères qui vous ont allaités, vos sœurs de lait, les mères de vos femmes, les belles-filles placées sous votre tutelle, nées de vos femmes… »

Le roi, conscient de l'audace de sa démarche, essaya de faire croire à l'imam[3] que Sharazade ne serait pas sa fille, que Sundouce était arrivée au palais déjà enceinte.

Il finit par croire à son propre mensonge et fit courir le bruit que s'il avait décidé d'épouser Sharazade, c'était parce qu'il avait découvert qu'elle n'était pas sa progéniture[4].

Sa détermination était forte. Il lança une enquête dans la famille de sa femme pour vérifier ses dires. Les hommes dépêchés pour faire ces recherches revinrent avec le nom et l'adresse du prétendu géniteur de Sharazade. Il s'agissait d'un orphelin, cousin de Sundouce, qui avait été élevé avec elle et aurait abusé d'elle quand elle avait atteint l'âge de la puberté.

L'histoire avait été si bien ficelée que plus personne ne blâmait le roi, et cela d'autant plus que, par sa beauté, sa fille répondait parfaitement aux conditions posées par la défunte.

1. **Verset** : petit paragraphe numéroté, présentant le plus souvent un sens complet, qui divise certains textes sacrés.
2. **Sourate** : chapitre du Coran.
3. **Imam** : celui qui dirige la prière communautaire dans une mosquée ; ce n'est pas un prêtre mais celui qui connaît le mieux le Coran.
4. **Progéniture** : ensemble des enfants d'une personne.

Seuls les religieux disaient leur mécontentement, mais aucun d'eux n'osait porter la contradiction au roi. L'un d'eux, pourtant, leur doyen[1], proposa au roi la solution suivante :

« Sharazade n'est ni votre fille ni celle de votre défunte épouse. Vous l'avez trouvée un jour dans un panier au seuil du palais. Vous l'avez adoptée par charité et parce que votre cœur ne pouvait supporter de voir une enfant innocente abandonnée. À la limite, vous pouvez l'épouser, si toutefois on parvient à démontrer qu'elle provient d'un pays lointain. »

Cette hypothèse séduisit le roi, et il décida d'y croire.

Mais Chemsi, qui était alors loin du palais, sentit que des choses étranges se tramaient et que la petite avait besoin d'elle ; elle se rendit donc au palais. Elle trouva Sharazade dans un état inquiétant, pleurant à gros sanglots, tremblant et déchirant ses vêtements.

« Ma fille, n'aie crainte, j'ai un plan pour que tu échappes à ce traquenard[2]. Il suffit de me faire confiance, et tu verras que le mariage n'aura jamais lieu. Dans un premier temps, change d'attitude, obéis à ton père mais, puisque ta mère a posé ses conditions, après tout, s'il tient à ce mariage contre nature, il devra s'y conformer et cela prendra du temps. Ah, le temps ! Voilà ce qui va nous sauver. »

Devant l'exclamation de Chemsi, Sharazade cessa de pleurer, sécha ses larmes et sourit, car elle eut l'intuition qu'elle allait sortir de ce piège. Il allait falloir se battre, ne pas affronter le roi directement mais jouer avec habileté pour le faire renoncer à cette folie.

---

1. **Doyen** : le plus vieux d'entre eux.
2. **Traquenard** : machination préparée contre quelqu'un, piège.

« Ma fille, va voir ton père, dis-lui que tu as décidé d'être soumise et obéissante, et d'une voix douce exige, pour pouvoir répondre à sa demande, qu'il te fournisse une robe extraordinaire, peu importe le tissu, l'essentiel étant qu'elle soit de la couleur du temps. »

Sharazade, intriguée, regarda la vieille fée d'un œil inquiet.

« Ma fille, quelle que soit la richesse du roi, quelle que soit l'étendue de son pouvoir, il ne parviendra pas à trouver une robe de la couleur du temps. »

La demande fut faite. Le roi, qui ne comprenait pas à quoi correspondait cette couleur, convoqua tous les grands tailleurs de la capitale et leur donna vingt-quatre heures pour lui apporter cette robe.

Parmi les tailleurs, il y avait un certain Amrane Al-Kohen, un juif qui comprit tout de suite ce qu'était la couleur du temps. Il se retira alors dans son atelier et réunit sans tarder plusieurs morceaux de tissus de couleurs différentes reproduisant exactement les couleurs du ciel en ce jour. Il y avait là un bleu azur très subtil, un blanc tirant vers le gris pour représenter les nuages, puis un blanc cassé pour assurer la liaison entre le gris et le blanc. La robe fut taillée et cousue de fils d'or. Ce tailleur, qui appartenait à la grande famille des juifs d'Espagne qu'Isabelle la Catholique avait expulsés en 1492 ➲ et qui s'étaient spécialisés dans la soie et le fil d'or, était le seul à en posséder dans la capitale.

➲ **Quand les catholiques ont reconquis l'Espagne arabo-musulmane, ils ont choisi d'en expulser les juifs. Ces derniers ont été accueillis dans certains États européens, ainsi que dans les États musulmans d'Afrique du Nord. Ces juifs restent connus sous le nom de « sépharades », mot qui désigne l'Espagne dans leur langue.**

Lorsque Amrane arriva au palais, le roi le reçut tout de suite et fit appeler sa fille. Elle trouva la robe très belle et remercia le couturier avant de s'éclipser pour rejoindre Chemsi qui l'attendait dans la pièce d'à côté. Effectivement, la robe correspondait aux couleurs du temps qu'il faisait ce jour-là. Chemsi soupira longuement, mais décida de ne pas renoncer :

« Tu pourrais dire que ce n'est pas cela la couleur du temps, mais ça ne servirait à rien puisque ce tailleur se débrouillerait pour trouver une solution. Alors, tu vas lui réclamer une robe plus brillante, et surtout avec un tissu moins commun, disons une soie importée du pays de la plus haute montagne, une robe qui aurait l'éclat de la lune et la couleur de la Voie lactée. »

Sharazade répéta les mêmes mots au roi, qui convoqua le grand rabbin[1] de la ville et lui intima l'ordre de trouver un tailleur plus doué qu'Amrane et de le faire venir sans délai.

Le grand rabbin, qui tenait à assurer les bonnes relations qu'entretenaient alors les juifs et les musulmans, alla rencontrer Moché, le brodeur et couturier le plus expert de la communauté. Il était très âgé et ne travaillait plus. Mais il ne pouvait pas refuser une demande du roi, qui avait toujours protégé et aidé les juifs natifs de ce pays. Il suivit donc le grand rabbin, et reçut les ordres du roi. Il répéta :

« Une robe en soie des plus hautes montagnes, couleur de la lune et de la Voie lactée... Bien, Sire, ce sera fait. Que Dieu vous garde et vous donne longue vie... »

Deux jours plus tard, la robe était là, plus brillante que la lune et ses étoiles. La soie était d'une douceur exceptionnelle. Le roi

1. **Rabbin** : chef religieux d'une communauté juive.

était content et fit remettre à Moché une pochette pleine de pièces d'or, que celui-ci refusa en disant :

« Sire, j'ai eu de la joie à vous rendre service. Je ne veux pas laisser corrompre[1] cette joie et ce bonheur par des pièces d'or. Je vous prie, Sire, de m'en excuser, mais donnez cet argent à ceux qui en ont plus besoin que moi, même si je sais que votre fille est très soucieuse des nécessiteux[2] et fait beaucoup pour leur rendre la vie moins pénible. Je vous remercie, Sire. »

Le roi, touché par la réaction de Moché, envoya ses meileurs ouvriers pour entreprendre la restauration d'une des dix synagogues[3] de la capitale. Cette fois-ci, il en était convaincu, Sharazade ne trouverait rien à redire. Et effectivement, elle fut stupéfaite par la beauté et la luminosité de la robe. Qu'inventer encore pour le décourager ? Elle se retira, prétextant d'essayer la robe, et s'en fut parler avec la fée, qui lui conseilla de persévérer dans sa détermination et de réclamer des choses de plus en plus difficiles à trouver. Elle lui conseilla aussi de continuer de faire mine d'être consentante et de se conduire comme une petite fille obéissante et décidée à rendre son papa heureux. « La ruse, ma fille, la ruse nous sauvera, ma princesse ! » lui dit-elle.

Sharazade s'en vint voir le roi et lui dit : « Merci, père, pour cette robe magnifique. Je suis comblée, jamais je n'aurais pensé qu'une telle beauté fut possible.

– Bien, princesse ! Ce mariage ne te fait donc plus peur ?

– Oh père, je suis dans la tourmente, mais j'ai entendu dire que vous ne seriez peut-être pas mon vrai père. Si cela est vrai,

1. **Corrompre** : abîmer, détruire.
2. **Nécessiteux** : ceux qui manquent du nécessaire, vivant dans la pauvreté.
3. **Synagogue** : lieu de culte juif.

alors plus rien ne nous empêchera de célébrer les noces. Mais auparavant, j'aimerais, en plus de la robe couleur du temps et de celle couleur de la lune, oui, j'aimerais compléter ma collection avec une robe couleur du soleil, mais pas de n'importe quel soleil, de celui qui darde[1] le rayon vert[2], celui qui, juste avant son coucher, porte bonheur à ceux et à celles qui ont la chance de l'apercevoir.

– Ça sera fait, princesse. »

Cette fois, le roi convoqua une sorcière, la plus vieille, la plus vicieuse, la plus laide et la plus efficace de toutes les sorcières du pays. Elle était venue de l'extrême Sud, et quand elle posa son baluchon, il en sortit des serpents, des scorpions, de grosses fourmis tantôt noires tantôt jaunes, des cafards aux longues antennes. Elle leur cria quelque chose en une langue inconnue. Ils réintégrèrent à l'instant même le sac en toile de jute.

« N'ayez crainte, Sire, ce sont mes enfants, ils aiment savoir où ils se trouvent. Commandez, je suis à vos ordres, Sire. »

Le roi lui conseilla d'abord de mieux éduquer ses « enfants », puis lui dit qu'il avait besoin d'une robe couleur du soleil à l'instant du rayon vert. Elle le regarda puis fit une moue avant de parler :

« Me faire venir de si loin pour une robe ! Les temps sont durs ! Personne à faire disparaître, personne à torturer, pas même à inquiéter, juste une robe... et pour qui, cette robe spéciale ? Vous êtes encore amoureux, Sire, je vous ai déjà dit qu'il faut vous prémunir contre l'espèce féminine, qu'elle est aussi dangereuse que la peste, et aussi séduisante que le brillant de

1. **Darde** : émet un trait lumineux.
2. **Rayon vert** : phénomène optique qu'on observe parfois au coucher du soleil, juste avant qu'il disparaisse complètement à l'horizon.

la vipère quand elle se chauffe au soleil. Alors cette robe, ça va être difficile ; ce n'est pas mon rayon, moi, je suis plus efficace pour faire le mal, mais je connais une petite débutante dans le métier qui est capable de nous dénicher ce que vous cherchez. Laissez-moi le temps de la contacter, et vous aurez ce que vous désirez. À propos : vous auriez intérêt à me contacter un peu plus souvent. Je m'ennuie, et si je ne pratique pas, je suis menacée de perdre ma licence. Je veux dire, mon pouvoir. Dites-moi, Sire, vous ne voulez toujours pas que je m'occupe du gros imposteur, celui qui vous a volé de l'argent et fait des affaires en votre nom ? J'aimerais tellement le faire souffrir et parvenir à fondre la pierre noire qu'il a à la place du cœur. »

Elle quitta le palais et s'en alla sur un âne qui attendait à la porte. C'était un âne sans pouvoir, un animal banal, modeste et sans force. Quand la sorcière le monta, il fut pris d'une soudaine énergie et se mit à courir à une vitesse qui surprit tout le monde. Elle arriva bien vite devant un cimetière et conféra[1] avec le gardien. Une jeune fille sortit alors d'une tombe où elle dormait et demanda ce qui se passait. Elle reconnut sa maîtresse, et s'inclina pour l'honorer.

« Une robe couleur du soleil… Oui, maîtresse, ce sera fait immédiatement. »

Quelques heures plus tard, la vieille sorcière se présentait au roi avec, à la main, une robe dont la lumière l'éblouit au point qu'il eut mal aux yeux et dut détourner le regard. Elle brillait tellement qu'allumer les lumières du palais devenait inutile. Désormais, Sharazade ne pourrait plus rien dire. Elle avait ses trois robes, tous ses vœux étaient exaucés. Il lui fallait trouver autre chose pour empêcher ce mariage. La fée était dans les

1. **Conféra** : discuta très sérieusement.

parages, et de nouveau elle eut une idée. Elle s'approcha de Sharazade et lui chuchota à l'oreille :

« Demande-lui la peau de l'âne ! »

Sharazade se retira et demanda à la fée de s'expliquer.

« Nous avons tout essayé, dit Chemsi. Il a eu réponse à tout. Maintenant, on va frapper au portefeuille. Si tu lui réclames comme un caprice de jeune princesse la peau de Maître Âne, il sera refait[1] en te la donnant, il se priverait de toutes ses ressources. Or, même s'il tient absolument à ce mariage, il est assez intelligent pour ne pas renoncer à cette source de revenus extraordinaires, ne serait-ce que pour pouvoir continuer de te faire mener un train[2] de grande princesse. Et si jamais il répond à nouveau à ton désir, j'ai un autre plan. »

La passion amoureuse du roi n'avait pas de limite. Il était prêt à tout pour épouser la belle Sharazade. Il consentit donc, sans hésiter, à sacrifier Maître Âne après l'avoir vidé de ses dernières pièces d'or. Il donna ensuite des ordres pour que sa peau fût bien nettoyée, et surtout pour qu'on la libérât de ses odeurs insupportables. Cela demandait du temps. La princesse accepta de patienter pendant que la fée lui exposait son plan :

« Voilà, tu fourreras tes affaires, en particulier tes belles robes, dans une valise. Tu n'auras pas à la porter, je te donnerai ma baguette magique et tu verras que la valise te suivra comme si elle était tirée par une main invisible. Tu seras dans la peau de l'âne, complètement couverte. Tu la porteras comme une djellaba[3]

1. **Refait** : se dit familièrement de quelqu'un qu'on dupe en lui soutirant ce qu'il a.
2. **Train** : manière dont on vit.
3. **Djellaba** : longue robe à manches longues et le plus souvent à capuchon, portée par les hommes et les femmes dans le monde arabe.

ancienne, une sorte d'*abaya*[1] qui cache tout. En général, quand des hommes rencontrent des femmes ainsi voilées de la tête aux pieds, ils n'osent ni leur parler ni même les regarder. Tu passeras pour une femme soumise à un père ou à un mari fanatique. Ce n'est pas grave, car le principal c'est qu'avec ce déguisement, la police de ton père ne te retrouvera jamais. Si tu t'ennuies, je t'autorise à jouer avec ma baguette, mais fais bien attention, un geste maladroit pourrait aussi bien te ramener au palais. C'est une baguette qui fait des miracles, mais il faut savoir la manier. »

Sharazade profita de la nuit pour s'enfuir. Les gardiens ne la virent pas sortir. La valise la suivait, et personne ne la remarqua. Ce ne fut que le lendemain que le roi apprit la disparition de la princesse. Fou de rage, il engagea tous ses hommes à partir à sa recherche. Il leur promit une belle récompense. Seul dans son palais, il allait et venait, et parfois frappait les murs avec ses poings.

Tard dans la nuit, il entra dans la mosquée du palais et fit plusieurs prières. Mais il disait n'importe quoi, confondait des versets avec des dits[2] du Prophète, se leva puis se prosterna sans savoir ce qu'il faisait. Un imam le surprit dans cet état, lui demanda de s'étendre un instant, et entreprit de lui masser le dos et la nuque, qui étaient très tendus. Il délirait, et l'imam préféra demeurer sourd à ce qu'il proférait à l'endroit de la religion ➲.

➲ **Dans sa colère, le roi prononce des blasphèmes, mais l'imam choisit de les ignorer.**

1. **Abaya** : vêtement porté au-dessus des autres par certaines femmes musulmanes. C'est traditionnellement un grand carré de tissu drapé à partir de la tête.
2. **Les dits du Prophète, ou Hadîths** : paroles et actions attribuées au prophète de l'Islam, Mahomet. À la différence des versets du Coran, ils ne sont pas considérés comme la parole de Dieu.

« Ma fille, ma princesse, mon épouse, mon aimée, mon amour, où es-tu ? Mon amour est infini pour toi et mon feu ne connaîtra le calme qu'à ton retour. Si tu le souhaites, nous nous marierons sans faire de bruit, cela restera entre nous, notre secret, ô ma fille, mon péché mortel, mon amour, ma folie, ma prière non exaucée, ma raison de vivre, reviens, je suis à toi et je t'attendrai… »

Sharazade s'était réfugiée dans une grande ferme où se trouvait une ménagerie. Quand le gouverneur chassait, il lui arrivait d'y faire halte et de confier à la Mamma, une vieille paysanne connue pour son esprit vif et ses répliques impudiques[1], quelques confidences. Dès que la Mamma vit cette pauvre femme enveloppée dans une peau d'âne, elle sut par intuition qu'elle était en fuite et qu'il fallait lui venir en aide. Ce n'était pas courant de se déguiser ainsi. Il devait se cacher quelque chose derrière cet aspect rebutant. La Mamma avait un grand cœur et ne se trompait jamais. Elle prit sous sa protection Sharazade sans lui poser aucune question. Elle se dit : « Si elle a envie de se confier à moi, je l'écouterai ; pour le moment, donnons-lui une boisson chaude et un bon plat de lentilles. » Sharazade était si fatiguée qu'elle s'endormit vite dans une cabane qui servait aux chasseurs. Le lendemain, elle demanda à se laver, car, malgré le nettoyage, la peau de Maître Âne sentait mauvais, ce qui attirait des mouches particulièrement méchantes : certaines ne se contentaient pas de la piquer mais chuchotaient volontiers à son oreille des insultes du genre : « Honte à toi ! »

1. **Impudiques** : effrontées.

La Mamma l'invita donc à prendre un bain dans le hammam[1] familial. Là, les femmes remarquèrent la beauté exceptionnelle de ce corps si fin et si gracile. La Mamma sut tout de suite qu'elle venait d'une grande famille. Après le bain, Sharazade revêtit sa robe couleur du temps. Elle était superbe. Les gens de la ferme sortaient pour l'admirer.

C'était le matin où Amine, le fils aîné du gouverneur, devait aller à la chasse et passait par là pour saluer la Mamma. Quand il aperçut Sharazade, il eut le souffle coupé durant quelques secondes. Il n'avait jamais vu une jeune femme aussi belle. Il se dégageait d'elle une lumière particulière qui éblouissait tous ceux qui la fixaient du regard. Le jeune homme déposa son bagage et courut en parler avec la Mamma.

« Mais qui est-elle ? Vous savez d'où elle vient, comment elle s'appelle ?

– Je ne sais rien, petit. Tout ce que je sais, c'est qu'elle s'est présentée hier ici enveloppée dans une peau d'âne. C'est un signe de déguisement qui suggère que son histoire est compliquée. Mais calme-toi, ce n'est qu'une jolie femme, tu es en train de perdre tes moyens.

– Oui, mon amie, j'ai dû recevoir une flèche en plein cœur !

– Oh, arrête avec ces balivernes[2]... Tu crois que Cupidon[3] n'a rien d'autre à faire qu'à t'envoyer une de ses flèches ? Tu sais bien qu'on dit qu'il a perdu son arc à la dernière foire. Il n'y a plus de Cupidon. Tiens, aide-moi à tuer ce veau, il faut préparer la fête de la fin de l'hiver. Le soleil arrive demain, je le sens

1. **Hammam** : établissement où l'on prend des bains de vapeur.
2. **Balivernes** : propos stupides.
3. **Cupidon** : dieu de la mythologie romaine qui provoque l'amour en lançant ses flèches sur les humains.

s'approcher de la ferme. Regarde le ciel, il perd ses nuages plus vite que d'habitude. Demain, ce sera une Journée de lumière. J'ai invité tes parents, tu viendras aussi et je te présenterai à la belle inconnue. »

Le lendemain apparut Sharazade, habillée de sa belle robe couleur de la lune. Elle portait aussi quelques-uns de ses bijoux, et avait soigneusement rangé dans une mallette la peau de Maître Âne qui pourrait encore lui servir. Elle était devenue prudente et commençait à douter de la bonté naturelle des hommes. En repensant à son père, elle voyait la vie obscurcie par un lourd orage et apercevait dans le lointain le corps de sa mère qui agitait les bras comme si elle se noyait et demandait du secours. Des pensées de plus en plus sombres s'imposaient à elle, surtout le soir avant de s'abandonner au sommeil. Cette nuit-là, elle fit un rêve où se mêlaient des images d'un printemps merveilleux et d'autres où les ténèbres se découpaient en morceaux et s'abattaient sur les gens, qui en perdaient la vue. Elle circulait dans ce monde où le bien et le mal se faisaient la guerre. C'était son état d'extrême inquiétude que rêves et cauchemars illustraient de cette manière forte.

Elle se réveilla le visage en sueur, la gorge sèche et les mains tremblantes. Il fallait coûte que coûte sortir de ce rêve, et elle décida de ne pas se rendormir. Elle fit sa toilette comme elle pouvait et attendit l'apparition du soleil. Elle entendit alors le chant des oiseaux, ce qui lui rappela sa mère quand elle se promenait dans les jardins du palais. « Ceci est un bon signe », pensa-t-elle.

Ce matin-là, le ciel avait été lavé, et elle avait réussi à éloigner d'elle le souvenir du cauchemar et l'image de ce père qui avait perdu la raison et tenté de commettre l'irréparable. Mais sans le faire exprès, elle avait dû toucher la baguette magique que lui avait laissée la fée Chemsi, car la Mamma arriva :

« Que puis-je pour vous, princesse ?

– Ah, vous savez qui je suis !

– Je ne sais pas exactement qui vous êtes, mais tout chez vous dit que vous êtes une princesse, votre façon d'être, de vous habiller, votre regard, et puis cette voix d'une si belle douceur… Votre démarche si élégante, si agréable à regarder… Racontez-moi votre histoire, que vous est-il arrivé pour vous retrouver dans cet état ? »

Sharazade se sentit en confiance car la baguette s'était rapprochée de la Mamma. Elle lui raconta tout, comme elle l'aurait fait avec un médecin de l'âme ou une sainte disposée à l'aider. Quand Sharazade eut achevé son récit, la Mamma, choquée, ne savait plus quoi dire. Elle prit alors la princesse dans ses bras et lui murmura à l'oreille :

« Princesse, ici vous êtes en sécurité ! Votre père ira en enfer, à moins qu'il ne se ravise et revienne à la raison. Aucune société dans le monde n'autorise ce type de mariage, peut-être les animaux qui ne savent pas ce qu'ils font, mais nous, les humains, nous avons basé notre société sur cet interdit suprême qui nous distingue des animaux. Et puis, Dieu réserve aux contrevenants[1] un séjour éternel en enfer. Ton père a dû être possédé par le diable, à moins qu'il ne soit tombé dans un piège tendu par une sorcière au service de ses ennemis. »

La Mamma conseilla à Sharazade de rester cachée dans la cuisine pour lui laisser le temps de préparer les gens à la découvrir.

1. **Contrevenants** : ceux qui agissent contre l'ordre établi.

Sharazade proposa de faire du pain pour les invités. La vieille lui procura ce dont elle avait besoin et la laissa seule pétrir la pâte. Sharazade se donna entièrement à sa tâche et en fut très heureuse. Elle ne pensait plus à l'affreuse nuit qu'elle venait de passer. À un certain moment, elle se rendit compte qu'elle avait perdu la bague que sa mère lui avait laissée. Elle se mit frénétiquement à la chercher, mais les pains ronds étaient déjà dans le four. Une légende que lui avait racontée sa vieille tante disait que celui qui trouverait cette bague deviendrait son époux. Elle eut des frayeurs en pensant à tous les hommes mauvais, à tous les hommes cupides et méchants qui pourraient tomber sur ce bijou en mangeant, et qui se présenteraient ensuite pour l'épouser. Elle fit part de son inquiétude à la Mamma, qui trouva là l'occasion rêvée pour que la bague tombât entre les mains du fils du gouverneur, ce beau et grand jeune homme de qualité qui était promis à une belle carrière dans la diplomatie[1]. Avant de stocker la centaine de pains cuits, elle les vérifia un par un jusqu'à tomber sur la magnifique bague. Elle mit ce pain dans sa poche et sortit recevoir les invités. Entre-temps, elle avait demandé à Sharazade de s'habiller et d'attendre que l'on vînt la chercher.

À midi, les invités arrivèrent. Le gouverneur et son fils s'arrêtèrent pour saluer la Mamma, qui eut le temps de glisser le pain dans la poche de la veste du jeune homme. Étonné, il demanda la raison de ce geste. Elle le prit à part et lui expliqua ce qu'elle espérait voir se produire. Curieux et interloqué, le jeune homme s'en amusa.

1. **Diplomatie** : conduite de négociations entre les personnes, les groupes ou les nations en vue de régler les conflits d'intérêt sans violence.

« Après le déjeuner, expliqua-t-elle, des filles défileront devant toi afin d'essayer la bague. Celle qui présentera le doigt le mieux fait pour cette bague sera ta future épouse. Si par malheur cette personne ne possède pas les qualités que tu attends d'une femme, tu auras le droit de casser le jeu, mais elle aura de son côté celui de conserver la bague, qui est sertie de diamants rares. »

Le défilé commença juste avant que l'on serve la pastilla[1] au lait et aux amandes, un dessert fin et succulent. Il y eut des doigts trop gros, d'autres trop fins, d'autres tordus par le travail. Alors, la Mamma envoya l'un de ses serviteurs chercher Sharazade, qui arriva en marchant sur la pointe des pieds comme si elle craignait d'abîmer tout ce qu'elle touchait. Les yeux baissés, elle tendit la main droite au fils du gouverneur. La bague se glissa autour du doigt comme si elle se fût toujours trouvée là. Lorsque leurs regards se croisèrent, ils restèrent figés longtemps, ignorant ce qui se passait autour d'eux, n'entendant ni la musique ni le bruit des invités. Ils étaient seuls au monde, comme dans un rêve, dans un autre univers. Ils surent tout de suite qu'ils étaient faits l'un pour l'autre. Le père du jeune homme ne comprit pas ce qui se passait. La Mamma se pencha vers lui et le rassura. Mais son fils était ailleurs.

Il faillit s'évanouir. Il était blême et avait perdu l'usage de la parole. Son père lui recommanda d'aller se mettre la tête sous l'eau froide et d'attendre un moment ; tant d'émotion l'avait rendu fébrile et maladroit. Il s'éclipsa. Sharazade remarqua combien cet homme était sensible et agréable. Elle dit à la Mamma qu'elle aimerait savoir son histoire.

1. **Pastilla** : sorte de feuilleté, le plus souvent salé, dont il existe au Maroc une version sucrée.

LECTURE ACTIVE 9

La rencontre des deux amoureux • lignes 599 à 624

As-tu bien lu ?

1 Dans quel autre conte bien connu, la princesse est-elle reconnue grâce à la finesse d'un de ses membres ?
☐ *La Belle au Bois dormant*
☐ *Blanche-Neige*
☐ *Cendrillon*

2 Quels sont les effets de l'amour sur les deux jeunes gens ?

3 Pourquoi peut-on dire que la Mamma joue le rôle de « la bonne fée » dans cette scène ?

Atelier

Roman photo

▶ ***Objectif.*** Réécrire la rencontre des deux amoureux sous la forme d'un roman-photo.

▶ ***Préparation.*** Par petits groupes, relisez le passage de la rencontre. Donnez un titre à chaque action importante, et faites la liste des personnages et accessoires présents lors de chacune de ces actions. Mettez-vous d'accord entre vous pour distribuer les rôles. Chacun essaiera ensuite de trouver ou fabriquer un élément de costume ou un accessoire pour son personnage ; ne cherchez pas une représentation très fidèle, le but est de faire comprendre ce qui se passe.

▶ ***Réalisation.*** Faites une photo par action, en demandant aux modèles d'exagérer le plus possible leurs expressions. Importez les photos sur ordinateur et imprimez-les au format 9 x 13. Rédigez à la main ou sur ordinateur les bulles qui s'inséreront sur chaque photo ; collez-les sur chaque image.

« Rassure-toi, il est tout à fait normal, il est simplement ébloui par ta beauté et a perdu ses moyens ; cela arrive, on appelle cela le “syndrome d'Abla” ; tu sais, la reine dont la beauté légendaire faisait s'évanouir les hommes qui s'en approchaient. Elle avait passé sa vie toute seule, car tous les hommes perdaient leur force et leur prestance devant elle. »

La mère du jeune homme était inquiète. Elle se renseigna sur les origines de cette nymphe[1] et donna l'ordre à son fils de s'en éloigner : « Elle n'est pas faite pour notre classe. Pas plus que nous ne sommes faits pour la sienne. Nous ne nous mélangeons pas avec ce genre de personnes à l'origine douteuse. »

De retour au palais du gouverneur, le jeune homme fut pris d'une crise de larmes. Il se cacha pour ne pas se montrer à sa mère dans cet état de faiblesse, et ne sortit de sa chambre qu'au milieu de la nuit, quand tout le monde dormait. Il erra dans le jardin. Une véritable âme en peine. La lune était pleine et illuminait le ciel où des étoiles brillaient et dansaient comme si elles l'avaient invité à aller de l'avant, à avoir de l'audace et à courir déclarer sa flamme à la belle nymphe inconnue. Il n'arrivait pas à se raisonner, guettait les signes que lui enverrait le ciel et s'en alla finalement à la ferme attendre le lever du jour et rencontrer Sharazade.

La belle inconnue ne sortit pas de sa cachette. Le jeune homme, désespéré, revint au palais et pria son père d'aller demander la main de Sharazade. La mère exprima son opposition, en arguant[2] du fait que l'on ne connaissait rien de la vie de cette jeune femme, que l'on ignorait qui étaient ses parents, d'où elle venait et ce que cachait son mystère.

1. **Nymphe** : jeune fille gracieuse et bien faite.
2. **Arguant** : donnant comme argument.

« Méfiance, méfiance ! Le mariage, ce n'est pas seulement l'union de deux êtres, c'est aussi l'union de deux familles ; or où est sa famille ? À qui s'adresser pour faire la demande ? »

Le père en convint, l'affaire n'était pas simple, et il remit à plus tard le projet d'aller rendre visite à la jeune femme.

Pendant ce temps-là, le roi continuait ses recherches. C'est ainsi qu'il envoya un messager à son gouverneur pour lui demander de l'aider à retrouver sa fille. Il en décrivit les traits à son intention et, surtout, évoqua ses différentes robes couleur du temps, couleur de la lune et autres. Il parla aussi d'une bague exceptionnelle, sertie de rubis et de diamants. Ce fut cette remarque qui éveilla les soupçons du gouverneur. Avant de répondre au messager, il se rendit à la ferme de la Mamma et demanda à rencontrer la jeune fugitive. Il n'y avait plus moyen de dissimuler la vérité. Le gouverneur fut mis au courant de l'affaire et, sans porter de jugement sur le désir du roi d'épouser sa progéniture, il décida de précipiter les choses : il demanda à la Mamma s'il pouvait annoncer au roi que sa fille se trouvait bien là et qu'il se permettait de solliciter sa main en faveur d'Amine, son fils aîné. La Mamma lui répondit qu'elle approuvait cette idée.

Le gouverneur rédigea donc une belle lettre à l'attention du roi, qu'il remit au messager. Quand il informa son épouse de ce qu'il venait de découvrir, tous ses préjugés tombèrent, et la voilà qui se mit à chanter pour fêter la bonne nouvelle. Son fils allait épouser une princesse !

Le roi, trop heureux d'apprendre que sa fille était saine et sauve, et qu'en plus elle était amoureuse du fils de son gouverneur, se sentit soudain libéré et pria Dieu de lui pardonner son égarement[1] qui avait menacé de le jeter aux enfers où il aurait perdu son âme et sa vie. Mais les prières ne pouvaient suffire. Il fallait effacer le projet d'outrage[2] et rendre à sa relation sa pureté et son naturel. Il n'y avait donc que sa fille pour l'aider à sortir de ses tourments. Purifier l'âme des feux qui l'avaient ravagée un temps, éteindre à jamais l'odieuse flamme qui s'était emparée de son cœur et de sa raison, redevenir père avant d'être roi et apparaître sous un jour neuf où l'humilité[3] et la sagesse seraient les signes de son identité retrouvée, celui du père de la mariée, dont l'intelligence et la grâce l'aideraient à en finir avec l'affreux souvenir.

Il fallait un peu de temps à tout le monde. Au roi pour qu'il retrouve sa dignité, à sa fille pour qu'elle s'habituât à ce nouveau père, au gouverneur et à sa femme pour qu'ils préparent le plus beau des mariages.

Le roi faisait ses ablutions[4] et s'apprêtait à prier quand la vieille et méchante fée apparut :

« Tu n'as toujours pas besoin de mes services ? »

Elle lâcha ses bêtes affamées, sortit de sous sa robe sale un fouet qu'elle fit claquer. Le roi eut peur. Il n'avait plus de voix pour appeler au secours.

---

1. **Égarement** : action de s'écarter des lois de la religion et de la morale.
2. **Outrage** : acte ou parole portant gravement atteinte à une règle, à un principe admis par tous.
3. **Humilité** : attitude par laquelle on ne se place pas au-dessus des choses ou des autres.
4. **Faire ses ablutions** : avant de prier, les musulmans doivent se purifier en se lavant le visage, les mains et les pieds.

« À présent, nous sommes seuls. Je suis mauvaise, très mauvaise, et je suis là parce que j'ai appris que tu allais renoncer au mariage avec ta fille ! Quelle trahison ! C'est moi qui t'avais mis cette idée dans la tête, et voilà que tu me laisses tomber, que tu me quittes pour redevenir un père, un homme et un roi respectable. Ça ne va pas se passer comme ça. Tu me dois obéissance. »

Le roi se mit à prier en silence afin que Satan[1] quittât ce lieu. Les yeux fermés, il supplia Dieu de lui venir en aide. La vieille s'installa sur le trône et urina dessus. Un liquide vert-jaune dégoulinait du fauteuil royal. Mais le roi se rappela soudain qu'elle ne supportait pas l'encens[2] du paradis. Il se précipita alors sur une cache et parvint à allumer ce bois de santal que l'on utilisait en deux occasions bien particulières, le jour des funérailles et celui du mariage. La vieille eut une quinte de toux, perdit très vite ses moyens et fut ensuite dévorée par ses « enfants », qui devaient attendre depuis longtemps ce moment pour prendre leur revanche sur cette mère indigne qui faisait du mal sa principale occupation. Sur le trône et par terre, il n'y avait plus que de la cendre. Le roi sonna l'un de ses domestiques, qui nettoya la chambre et permit au roi de reprendre ses ablutions en remerciant Dieu de l'avoir sauvé. Il entendit alors une voix lui murmurer « Dieu ou la Raison. » ➔

1. **Satan** : incarnation du mal et de la tentation dans les traditions juive, chrétienne et musulmane.
2. **Encens** : matière que l'on fait brûler pour qu'il s'en dégage un parfum.

➔ **Finalement, c'est peut-être sa propre raison qui a sauvé le roi de la folie, sans qu'une intervention divine soit nécessaire.**

En dehors de la fée Chemsi et de la Mamma, personne n'était au courant de cette affaire scabreuse[1]. On fit courir le bruit que Sharazade était partie à l'aventure pour se frotter à la vie des gens simples, car la vie au palais la cantonnait dans un confort qui l'isolait de la réalité. Pour ne pas être reconnue et reconduite immédiatement au palais, elle avait eu l'idée de se déguiser avec la peau d'un âne qui venait de mourir. Elle avait fait préparer cette peau et l'avait portée comme un manteau, dissimulant ainsi sa véritable identité.

Quand son père avait accepté de tuer Maître Âne qui mangeait de l'herbe et « chiait ➲ des pièces d'or », comme on disait au sein du peuple, il n'avait pas réfléchi car il était entièrement gouverné par une passion hideuse et malsaine. Il ne savait plus ce qu'il faisait, ne s'appartenait plus. Évidemment, les caisses du palais s'étaient bientôt retrouvées vides, et il avait fallu augmenter les impôts des plus riches, seul moyen de faire face aux dépenses. Du coup, toute cette histoire avait permis de réparer une grave injustice en obligeant les riches propriétaires à payer des taxes conséquentes en plus du zakat (l'impôt religieux correspondant à dix pour cent des revenus) ➲. Des protestations s'étaient bien élevées, ici et là, mais le roi avait mis son autorité en jeu et les riches avaient cédé. Les gens modestes, de leur côté avaient crié leur joie en disant que le roi était un chef d'État courageux et juste.

1. **Scabreuse** : qui risque de choquer.

➲ **Le mot surprend par sa familiarité, qui crée une opposition comique avec la noblesse de l'or. Il exprime aussi la franchise du peuple, qui dit les choses sans prendre de détours polis.**

➲ **Imposé par l'Islam, le zakat est destiné à être redistribué aux pauvres.**

Devenu « Roi des pauvres », le père de Sharazade organisa un mariage simple et modeste. Pas de gaspillage ni d'étalage de richesses. Il décida d'inviter tous les mariés du même jour. Les plus pauvres vinrent en nombre ; quant aux riches, ils préférèrent festoyer chez eux. Le gouverneur avait trouvé l'idée généreuse, mais sa femme, qui ne put fêter son fils comme elle l'eût voulu, en conçut de la frustration.

Les jeunes mariés étaient si beaux, la lumière qui se dégageait d'eux si pure que tous les présents en éprouvèrent de la joie.

Les cadeaux étaient acceptés à condition qu'ils ne fussent pas ostentatoires[1] et de prix trop élevé. Certains avaient apporté des broderies que leurs femmes avaient tissées de leurs mains, d'autres plantèrent un arbre à l'entrée du palais, d'autres encore offrirent au roi des manuscrits que leurs arrière-grands-parents leur avaient légués. Un paysan eut l'idée d'offrir aux jeunes mariés un âne qui venait de naître. Il marchait lentement et se sentit à l'aise aussitôt qu'il eut franchi le seuil du palais. C'est ainsi qu'il se dirigea tout naturellement à l'endroit même où Maître Âne vivait.

Il s'installa finalement à demeure, poussant de temps à autre un petit cri de satisfaction. On lui donnait à manger de l'herbe fraîche, tous les yeux se braquant jour après jour sur son derrière. Le roi s'en amusait. Sharazade et Amine éclatèrent de rire quand ils apprirent la nouvelle.

Entre-temps, le paysan avait disparu. En fait, ce n'était pas un vrai paysan, mais Chemsi déguisée en homme. C'était elle qui avait eu cette idée. La fée était bien là le jour du mariage, mais elle s'était arrangée pour ne pas être vue. Seule Sharazade avait

1. **Ostentatoires** : destinés à êtres remarqués, voyants.

senti sa présence et lui avait un peu parlé. Elle l'avait même entendue lui réclamer la baguette magique qu'elle avait oubliée chez la Mamma. Chemsi l'avait aussitôt rassurée : « Ne t'en fais pas, j'irai la chercher, l'âne n'est pas encore prêt à chier ! »

Quelques jours après le mariage, le roi partit en pèlerinage[1] à La Mecque. Il devait laver ses péchés, se débarrasser définitivement de cette tache noire qui l'empêchait de dormir. Il avait maigri et déléguait[2] de plus en plus ses pouvoirs. Il fallait renaître dans une autre peau avec une autre mémoire.

À Médine[3], où il séjourna sans se faire connaître, il fréquenta un cercle de poètes soufis[4] qui lui apprirent le dépouillement[5] et la simplicité de l'amour de Dieu. Il devint au bout de quelques semaines un « renoncé », quelqu'un qui ne s'intéresse plus aux biens matériels et qui se consacre entièrement à la spiritualité[6].

De retour au pays, il se retira dans une petite cabane perchée tout en haut de la montagne, puis demanda à sa fille de lui succéder. Elle accepta, à condition que le peuple fût interrogé et approuvât le projet. Plus de quatre-vingt-dix pour cent des voix la désignèrent digne successeur de son père.

C'est ainsi que, pour la première fois dans le pays, une femme, jeune et intelligente, honnête et intègre[7], parvint au pouvoir. Le

1. **Pèlerinage** : voyage effectué dans un lieu saint à des fins religieuses ; pour les musulmans, le pèlerinage à la Mecque peut permettre le pardon des péchés.
2. **Déléguait** : confiait à d'autres personnes.
3. **Médine** : deuxième ville sainte de l'Islam, après la Mecque.
4. **Soufis** : musulmans mystiques, qui cherchent l'union avec Dieu par la purification de leur âme et de leur cœur.
5. **Dépouillement** : fait de renoncer à des biens et à des avantages.
6. **Spiritualité** : la vie de l'esprit (par opposition à la vie matérielle), centrée sur les valeurs morales et religieuses.
7. **Intègre** : qui ne peut être corrompu.

monde entier vit en elle l'espoir tant attendu de sortir le pays du conservatisme[1] et de l'arriération[2].

Elle s'entoura de jeunes personnes dynamiques et cultivées. Ceux qui avaient voté pour le non étaient influencés par les gros propriétaires, qui dénigraient tout ce qu'elle entreprenait.

L'âne, pour la petite histoire, donna de l'or une fois par semaine, ce qui permit à la reine de financer la construction de quelques hôpitaux. Elle avait demandé à ce que l'on gardât secrète cette manne[3]. Elle avait fait ses comptes : elle aurait besoin de cinq ans pour mener à bien ses projets. Elle se renseigna ensuite auprès d'un vétérinaire, qui la rassura sur l'espérance de vie de cette race d'animal : quarante à cinquante ans.

Cette histoire est difficile à croire. Mais si l'on excepte l'intervention de quelque fée et de la raison, si l'on veut bien accepter l'idée que la grâce et l'intelligence peuvent s'allier pour soulager le monde de ses douleurs et de ses incohérences, alors tout est possible, y compris qu'un bougre d'âne chie de l'or.

Mes contes de Perrault, Tahar Ben Jelloun,

1. **Conservatisme** : état d'esprit qui s'oppose au changement.
2. **Arriération** : retard dans le développement.
3. **Manne** : ressources financières inattendues.

Harry Clarke (1889-1931), illustration pour une édition des *Contes* de Charles Perrault datant de 1922 (Londres, Harrap), New York Public Library.

Peau d'Âne

Trois versions d'un même conte

REPÈRES

Qu'est-ce qu'un tabou ? **92**

Qu'est-ce qu'un conte de fées ? **94**

PARCOURS EN 7 ÉTAPES

Le conte de Charles Perrault

Étape 1 : Analyser la structure du conte **96**

Étape 2 : Étudier le thème de la ruse **98**

Étape 3 : Comprendre l'évolution des personnages **100**

Le film de Jacques Demy

Étape 4 : Analyser un extrait du film **102**

Étape 5 : Faire le bilan des choix de mise en scène **104**

Le conte de Tahar Ben Jelloun

Étape 6 : Étudier les personnages féminins **106**

Étape 7 : Analyser la conclusion du conte **108**

TEXTES ET IMAGES

L'apparition de la bonne fée **110**

Qu'est-ce qu'un tabou ?

Au sein d'une société, un tabou est un interdit culturel qui pèse fortement sur le comportement ou le langage des individus.

• L'ORIGINE DU MOT « TABOU »

Le mot *tabu* est utilisé dans les langues polynésiennes pour désigner une interdiction sacrée, dont la transgression entraîne un châtiment surnaturel. Le mot est arrivé en Europe au XVIIIe siècle, par l'intermédiaire du navigateur James Cook.

• LE TABOU DE L'INCESTE

Les tabous varient d'une société à l'autre. Mais celui de l'inceste est universel. L'inceste est interdit pour au moins trois raisons. La première est biologique : les enfants nés d'une telle union risquent malformations et maladies. La deuxième est sociale : cette interdiction oblige les individus à nouer des relations avec des personnes extérieures à leur famille, ce qui contribue à construire le groupe social. La troisième raison est d'ordre psychologique : l'inceste qui frappe un enfant ou un adolescent est profondément destructeur.

L'inceste désigne une relation sexuelle entre membres proches d'une même famille : par exemple, entre un père et sa fille.

• LES MOTS ET LES SUJETS TABOUS

Le tabou, c'est ce qu'on ne peut absolument pas faire. Et c'est souvent aussi ce qu'on ne peut pas dire. Dans *Harry Potter*, par exemple, Lord Voldemort est désigné par cette périphrase : « Celui-dont-on-ne-doit-pas-prononcer-le-nom ». Certains mots sont ainsi comme contaminés par les actes terribles qu'ils évoquent, et peuvent à eux seuls susciter la peur.

La bienséance ou la politesse nous conduisent également à ne pas évoquer certains sujets « gênants », par exemple ceux relatifs au corps (les règles de la femme, la sexualité, certaines maladies…). Ces sujets sont dits tabous.

● CONTE ET TABOU

Quand on les analyse, on se rend compte que les contes traitent des tabous mais « en douceur », à travers le filtre d'un récit merveilleux. Grâce à eux, les enfants peuvent intégrer les interdits et surmonter leurs peurs.
Prenons l'exemple de *Peau d'Âne*. À travers ce conte, dont Perrault dit lui-même qu'il est « difficile à croire », transparaît une histoire terrifiante, mais qui peut exister dans la réalité : celle d'un père amoureux de sa fille, et qui met tout en œuvre pour lui imposer une relation incestueuse. Heureusement, cela se termine bien car la princesse réussit à trouver les ressources nécessaires pour lui échapper.

D'autres tabous évoqués par les contes

- *l'abandon d'un enfant dans* Le Petit Poucet
- *le rejet d'un enfant différent dans* Le Vilain Petit Canard
- *les débuts de la sexualité dans* La Belle et la Bête
- *la pulsion animale dans le film* Les Enfants Loups, Ame et Yuki

Theo van Hoytema (1863-1917), illustration du conte *Le Vilain petit canard* de Hans Christian Andersen, lithographie, 1893, La Haye, Bibliothèque royale.

Qu'est-ce qu'un conte de fées ?

Issus d'une tradition orale, les contes de fées sont des histoires merveilleuses que l'on raconte aux enfants, pour les faire rêver et grandir.

● UN UNIVERS MERVEILLEUX

Le « Il était une fois » du conteur nous invite à perdre nos repères habituels : il nous emmène dans un passé indéfini et nous plonge dans un univers merveilleux.

Dans cet univers, organisé par d'autres lois que celles du monde réel, le lecteur croise des êtres surnaturels – fées, sorcières, ogres, animaux doués de parole –, découvre des objets magiques, assiste à toutes sortes de métamorphoses. Et tout ceci lui semble parfaitement naturel le temps de sa lecture.

● DES RÉCITS INITIATIQUES

Le héros ou l'héroïne du conte est jeune. Un jour, il lui faut quitter son foyer pour affronter une série d'épreuves qui vont lui permettre de se construire et de trouver un nouvel équilibre.

Le conte de fées illustre ainsi le passage de l'enfance à l'âge adulte, au cours duquel il faut conquérir son autonomie. Les êtres ou objets merveilleux qui aident le héros symbolisent cette capacité nouvelle à trouver des solutions par soi-même.

En général, le conte se conclut par un dénouement heureux : « Ils se marièrent et ils eurent beaucoup d'enfants ». Parfois, cependant, l'histoire finit mal : le Petit Chaperon Rouge est mangé par le loup et la Petite Sirène n'est plus qu'un peu d'écume sur la mer.

● UNE VISÉE MORALE

Perrault disait de ses contes : « Partout la vertu y est récompensée et partout le vice y est puni. » Il affirmait par là son intention d'écrivain, qui n'était pas seulement de distraire les enfants mais aussi de les instruire en leur apprenant à distinguer le bien du mal.

Parodies de contes de fées

Lorsqu'on imite une œuvre en exagérant ses caractéristiques ou en les inversant, dans le but de faire rire, on crée une parodie. Sorti en 2001, Shrek *a lancé une mode cinématographique : celle des parodies de contes de fées. Il a été suivi, avec un moindre succès, notamment par* Cendrillon et le Prince (pas trop) charmant *(2007) et* La Véritable histoire du Chat botté *(2009).*

● LE CONTE DE FÉES AUJOURD'HUI

Les contes de fées de la tradition orale, collectés par Perrault, Grimm ou Andersen, sont aujourd'hui encore très souvent lus et racontés. Ils sont également adaptés sous d'autres formes artistiques : en BD, au cinéma, au théâtre, etc.

Certains écrivains contemporains choisissent de les réécrire, modifiant le cadre, les personnages ou même la morale : c'est par exemple ce que fait Ben Jelloun dans son *Peau d'Âne*.

Le conte le plus réécrit est peut-être celui du Petit Chaperon rouge *: selon les versions, le personnage est devenu vert, bleu, jaune ; il vit dans une cité, en Chine ou à Manhattan. Surtout, il a appris à se défendre contre le loup.*

D'autres auteurs inventent de nouveaux contes de fées où triomphent le merveilleux et l'humour. On peut citer les fameux *Contes de la rue Broca* de Pierre Gripari, ou les albums de Claude Ponti.

Les spectacles et les festivals de contes s'attachent, eux, à renouveler la tradition orale du conte de fées.

Conteurs en ligne

Pour écouter des contes et pour apprendre à les raconter :

- *Chaîne YouTube du conservatoire contemporain de littérature orale (CLiO) : https://www.youtube.com/user/LeMondeenContes/videos*
- *Site du conteur Henri Gougaud : http://www.henrigougaud.info/*
- *Actualités du conte (festivals, spectacles, stages) : http://mondoral.org/*

Étape 1 • Analyser la structure du conte

SUPPORT • L'ensemble du conte de Perrault.

OBJECTIF • Identifier les caractéristiques du récit.

Le conte sous forme de carte mentale

1 Complète ce schéma.

PEAU D'ÂNE

LES LIEUX
- . . . .
- . . . .
- . . . .

LES PERSONNAGES
- . . . . — Son but : empêcher le roi de se remarier
- Le roi — Son but : . . . .
- La princesse — Son but : . . . .
- . . . . — Son but : aider la princesse
- Le prince — Son but : . . . .

L'HISTOIRE
- La situation initiale : le roi, la reine et la princesse sont heureux
- Le problème : . . . .
- Première tentative : la princesse demande . . . .
- 2e tentative : . . . .
- 3e tentative : . . . .
- Nouveau problème : la princesse est seule dans sa vie misérable
- Solution : . . . .
- Mise en œuvre : . . . .
- Résultat : . . . .
- La situation finale : . . . .

LA MORALE
- . . . .

Des caractéristiques clés

2 Les personnages du conte sont-ils précisément décrits ?

3 Quelles actions se répètent plusieurs fois ? Le récit compte-t-il beaucoup de péripéties ?

4 Fais la liste des personnages et objets magiques qui apparaissent dans le récit, et indique pour chacun d'eux le problème qu'il résout « magiquement ».

La langue et le style

5 Quels sont les trois types de vers utilisés par Perrault ? (Pour les identifier, compte les syllabes des vers 114 à 123.)
- ☐ des alexandrins (12 syllabes)
- ☐ des décasyllabes (10 syllabes)
- ☐ des octosyllabes (8 syllabes)
- ☐ des hexasyllabes (6 syllabes)

6 Qu'est-ce qui rend la lecture de ce conte un peu difficile ?

À ton avis

7 **La fée.** Pourquoi la fée n'utilise-t-elle pas son pouvoir magique pour résoudre sur-le-champ le problème de la princesse ?

Faire le bilan

8 **Un conte de fées.** Relis le repère p. 94 et explique pourquoi ce récit est un conte de fées.

Enquêter maintenant

9 **La structure des contes.** Les contes obéissent tous à la même structure. Pour le montrer, réalise une carte mentale pour schématiser un autre conte que tu connais. Utilise les entrées lieux/personnages/histoire/morale pour mettre à plat les différents aspects de ce conte.

Étape 2 • Étudier le thème de la ruse

SUPPORT • L'ensemble du conte de Perrault.

OBJECTIF • Montrer que les personnages du conte utilisent la ruse pour parvenir à leurs fins.

Ruses et contre-ruses

1 **a.** Quelle est la ruse de la reine pour empêcher le roi de se remarier ?
b. Comment le roi déjoue-t-il cette ruse ?

2 **a.** Quelles sont les ruses de la fée pour empêcher le roi d'épouser Peau d'Âne ?
b. Comment le roi déjoue-t-il ces ruses ?
☐ Il punit la princesse pour ses caprices.
☐ Il accède à tous ses désirs.

3 **a.** Page 26 : relève les vers où le narrateur nous explique pourquoi la fée n'a pas utilisé la bonne stratégie.
b. Page 24 : relève le passage où le narrateur nous révèle que la ruse du roi pour faire céder sa fille est bien près de réussir.

Ruses amoureuses

4 **a.** Par quelle ruse la princesse offre-t-elle un présent au prince ?
b. Relève, p. 35-36, les vers qui montrent qu'elle sait très bien ce qu'elle fait.

5 Quelles ruses le prince utilise-t-il pour pouvoir épouser Peau d'Âne ?
☐ Il fait semblant d'être malade.
☐ Il fait semblant de ne pas savoir à qui appartient l'anneau trouvé dans le gâteau.
☐ Il fait croire à ses parents que l'anneau est celui d'une princesse.
☐ Il propose de se marier avec celle qui pourra enfiler l'anneau.

La langue et le style

6 Le lexique de la ruse. Coche, dans la liste, des synonymes possibles du nom ruse.

☐ rusé	☐ fantaisie	☐ feinte	☐ trompeur
☐ stratagème	☐ solution	☐ subterfuge	☐ tromperie

À ton avis

7 La ruse. Penses-tu que la ruse soit un bon moyen pour atteindre son but ? Quels autres moyens peut-on employer à la place ?

Faire le bilan

8 La fonction de la ruse. Complète le texte avec les mots suivants : *déloyal – faibles – fins – force – intentions – pouvoir.*

Plutôt que d'utiliser la .... , un personnage de conte a parfois recours à la ruse pour parvenir à ses .... Cachant ses véritables .... , il tente de tromper son adversaire. La ruse peut donc être considérée comme un procédé .... Elle permet cependant souvent aux plus .... de se défendre contre ceux qui abusent de leur ....

9 Le rôle du narrateur. En t'appuyant sur des exemples précis, montre que le narrateur révèle au lecteur tous les secrets de ses personnages.

Écrire maintenant

10 Une péripétie supplémentaire. Imagine une autre ruse que la fée pourrait proposer à la princesse pour déjouer le plan du roi.

Étape 3 • Comprendre l'évolution des personnages

SUPPORT • L'ensemble du conte de Perrault

OBJECTIF • Caractériser l'évolution des personnages principaux et sa signification morale.

L'évolution de la princesse

1 Quels adjectifs utiliserais-tu pour qualifier la princesse au début du conte ?

☐ belle ☐ laide ☐ fragile
☐ naïve ☐ avisée ☐ forte

2 Lesquels utiliserais-tu pour la décrire à la fin du conte ? Pourquoi ?

3 Quel personnage aurait dû guider la princesse dans son apprentissage du bien et du mal ? Qui remplace ce personnage ?

4 Selon toi, qu'apprend la princesse en faisant l'expérience de la laideur et de la pauvreté ?

L'évolution du roi

5 Au début du conte, pourquoi le roi est-il heureux ?

6 Dans la suite du récit, quelles actions montrent qu'il est pris d'une véritable folie ?

7 Qu'est-ce qui explique que personne ne puisse lui faire entendre raison ?

8 Qu'est-ce qui l'a guéri de son « désir criminel » (v. 527 à 536) ?

L'évolution du prince

9 Quel vers décrit le prince avant sa rencontre avec Peau d'Âne ?

☐ « Son air était royal, sa mine martiale ».
☐ « Il était sage et calme, élégamment vêtu ».

10 De quoi souffre le prince après sa rencontre avec Peau d'Âne ?

11 Selon toi, qu'apprend le prince de cette expérience ?

La langue et le style

12 Des mots en *-eur*. Lorsqu'il aperçoit Peau d'Âne pour la première fois, le prince lui trouve toutes sortes de qualités. Relève les noms les désignant qui sont formés avec le suffixe *-eur* (v. 323 à 334).

13 Des images. Par quelles comparaisons les valets de ferme soulignent-ils que Peau d'Âne est un monstre à leurs yeux (v. 347 à 375) ?

Faire le bilan

14 Qui est le monstre ? Dans ce conte, deux personnages peuvent être qualifiés de monstres, à cause de leur apparence ou de leurs intentions. Explique qui est le vrai monstre de l'histoire et qui n'en est pas un.

Enquêter maintenant

15 Monstres et compagnie. Fais la liste des monstres que tu as rencontrés dans les contes de fées que tu as lus (ou vus au cinéma) et remplis le tableau suivant.

Titre du conte	Monstre physique car....	Monstre moral car....
....	....	....
....	....	....
....	....	....

Étape 4 • Analyser un extrait du film

SUPPORT • Scène 93 La révélation par l'anneau (01:19:50 à 01:20:50).

OBJECTIF • Comprendre comment la métamorphose de Peau d'Âne est mise en scène.

*Le découpage technique**

1 Regarde la scène du film où Peau d'Âne se fait reconnaître grâce à l'anneau, et complète ce découpage.

N°	Minutage (début du plan)	Ce qu'on voit à l'écran	Ce qu'on entend
1	01:19:50	*Plan d'ensemble* : le prince sur son trône ; groupe de femmes devant le grand escalier ; entrée de Peau d'Âne à l'arrière-plan.	Silence général. Le bruissement des pas de Peau d'Âne.
2	01:19:52	*Plan rapproché* :	....
3	01:19:54	....	....
4	01:19:55	....	....
5	01:19:57	....	....
6	01:19:59	....	....
7	01:20:10	....	....
8	01:20:17	....	....
9	01:20:20	*Gros plan* :	....
10	01:20:23	....	....

11	01:20:25	. . . .	« Ah ! » émerveillés. La musique commence...
12	01:20:33	. . . .	Musique triomphante du final.

Du monstre...

2 Quel plan nous fait comprendre que Peau d'Âne sent très mauvais ?

3 Quels plans expriment la surprise de l'assemblée devant la laideur de Peau d'Âne ?

4 Qui est le seul à regarder Peau d'Âne sans paraître remarquer sa monstruosité ?

...à la merveille

5 Que montre le gros plan qui fait basculer la scène ?

6 À quel moment le procédé du champ-contrechamp* est-il utilisé ? Que met-il en valeur ?

7 Quel est le rôle de la musique à la fin de la scène ?

Les procédés filmiques

8 Est-ce que la caméra se déplace durant cette scène ? Qu'est-ce qui donne une impression de mouvement et de rapidité ?

Faire le bilan

9 **La métamorphose de Peau d'Âne.** Rédige un paragraphe pour commenter l'évolution de Peau d'Âne entre le début et la fin de l'extrait.

Étape 5 • Faire le bilan des choix de mise en scène

SUPPORT • Le conte de Perrault, les extraits du scénario du film ; le cahier couleurs.

OBJECTIF • Comprendre comment on passe du conte au film.

Le scénario

1 Relis les vers 19 à 47 du conte de Perrault et compare-les à l'extrait du scénario reproduit p. 46 (scène 7).

a. Jacques Demy a-t-il gardé tout le texte ? L'a-t-il modifié ?

b. Quel personnage absent dans le conte apparaît dans le film pour nous présenter l'âne ?

☐ le roi ☐ un valet ☐ la princesse

2 Relis les vers 516 à 547 du conte de Perrault et compare-les à l'extrait du scénario reproduit p. 54 (scène 94).

a. Dans le conte de Perrault, y a-t-il autant de précisions sur le lieu de l'action et les mouvements des personnages ?

b. Quel élément anachronique J. Demy a-t-il choisi d'ajouter ? Quel effet cela produit-il ?

Les décors et les costumes

Regarde la photo 1 du cahier central.

3 Par quelles couleurs le roi est-il caractérisé ? Dans le film, quelle est la couleur qui caractérise le Prince ?

4 En quoi le trône royal est-il inattendu ? Que penses-tu de ce choix ?

5 Comment les murs sont-ils décorés ? Dans la première partie du film, quels autres éléments de décor développent le même thème ?

La musique

Relis l'extrait de scénario correspondant à la scène 26, p. 48.

6 Sous quelle forme la fée donne-t-elle ses conseils à la princesse ?

La mise en scène

7 Quel procédé cinématographique est utilisé dans la scène du « cake d'amour » (p. 52, voir les photos 2 et 3 du cahier couleurs) ? En quoi ce procédé donne-t-il de la magie à la scène ?

8 Quels trucages sont utilisés pour produire un effet de magie ?

Faire le bilan

9 **Un conte de fées au cinéma.**
Complète le texte avec les mots suivants : *musique – décors – scénario – dialogues – trucages.*

Pour adapter le conte de Perrault, Jacques Demy a d'abord écrit un . . . . et des . . . . qui développent l'histoire. Lors du tournage, il a utilisé des . . . . surprenants et des . . . . simples pour nous plonger dans un univers merveilleux. Au montage, il a ajouté une . . . . qui permet de souligner l'intensité des sentiments.

Écrire maintenant

10 **C'est toi le scénariste.** Le passage ci-dessous du conte de Perrault n'a pas été repris par J. Demy. À toi de le développer sous forme de scénario en inventant la situation et les personnages correspondants.

« À l'ouïr sangloter et les nuits et les jours,
On jugea que son deuil ne lui durerait guère,
Et qu'il pleurait ses défuntes Amours
Comme un homme pressé de se sortir d'affaire. »

Étape 6 • Étudier les personnages féminins

SUPPORT • L'ensemble du conte de Tahar Ben Jelloun.

OBJECTIF • Comprendre l'intention féministe de l'auteur.

La bonne mère et la mauvaise mère

1 Complète le tableau.

Personnages	Lignes	Caractéristiques
....	l. 1 à 8	« sa beauté », « son éclat », « sa grâce » ; « elle incitait les oiseaux à quitter leur nid pour chanter au-dessus de sa tête »
Sharazade	l. 120 à 124	....
....	l. 189 et l. 291	« La vieille fée » ; « nounou »
La sorcière	l. 372 à 374	....
....	l. 477 à 485	« son esprit vif et ses répliques impudiques » ; elle « avait un grand cœur et ne se trompait jamais. »
....	l. 661 à 686	« Méfiance, méfiance ! » ; « Préjugés »

2 Pour quelle raison Sharazade a-t-elle besoin de conseils ?

3 Qui sont les deux femmes qui guident Sharazade avec bonté et perspicacité ?

4 Que lui apprend exactement chacune de ces deux femmes ?

5 Qui sont les deux femmes qui cherchent à lui nuire ? Quelles sont les raisons de chacune d'elles ?

La formation de la princesse

6 Relis les lignes 525 à 540 : quels sentiments éprouve Sharazade à cause de la folie de son père ? De quoi a-t-elle pris conscience ?

7 Dans le conte de Perrault, la princesse subit des moqueries et des insultes quand elle est cachée sous sa peau d'âne. Est-ce le cas dans le conte de Ben Jelloun ?

8 Coche en bleu les adjectifs correspondant au comportement d'Amine, en rouge ceux correspondant au comportement du père de la princesse.

- ☐ autoritaire
- ☐ doux
- ☐ franc
- ☐ respectueux
- ☐ violent
- ☐ rusé

9 Pourquoi peut-on dire que son séjour à la ferme permet à la princesse de reprendre confiance en l'humanité ?

La langue et le style

10 Rapporter les paroles d'un personnage

a. Réécris les paroles de la mère telles qu'elle les prononce lignes 657 à 660, en commençant par : « Elle argumenta : "On ne connaît rien..." »

b. Relis le passage équivalent dans le conte de Perrault (v. 372 à 373) et réécris les paroles de la mère en commençant par : « Elle dit qu'il fallait... »

Faire le bilan

11 Une femme au pouvoir. Qu'est-ce qui a permis à Sharazade de développer les qualités nécessaires pour exercer un pouvoir juste et bon ?

Écrire maintenant

12 Des comparaisons efficaces. La sorcière dit au roi : « Sire, je vous ai déjà dit qu'il faut vous prémunir contre l'espèce féminine, qu'elle est aussi dangereuse que la peste, et aussi séduisante que le brillant de la vipère quand elle se chauffe au soleil. » Rédige un petit texte qui montre la valeur des femmes. Invente au moins deux comparaisons qui imagent tes propos.

Étape 7 • Analyser la conclusion du conte

SUPPORT • Les deux dernières pages du conte de Ben Jelloun (l. 795 à 823) et les deux dernières pages du conte de Perrault (v. 527 à v. 571).

OBJECTIF • Comprendre comment Ben Jelloun réécrit la morale du conte.

Conclusion pour le roi

1 Comment le roi expie-t-il sa faute dans le conte de Ben Jelloun ?
☐ Il renonce à sa vie confortable. ☐ Il renonce à la religion.
☐ Il se consacre aux pauvres. ☐ Il se consacre à la religion.

2 Que devient le roi à la fin du conte de Perrault ?

Conclusion pour la princesse

3 **a.** Dans le texte de Perrault, quelle récompense reçoit la princesse pour son comportement exemplaire durant toute l'histoire ?
b. Comment imagines-tu la suite de son existence ?

4 **a.** Dans le texte de Ben Jelloun, quelle phrase suggère que Sharazade accède au trône de façon démocratique ?
b. Que fait la princesse après avoir été couronnée ?

Conclusion pour le lecteur

5 Relis la morale du conte de Perrault. Comment les femmes y sont-elles jugées ?
☐ coquettes ☐ timides ☐ sûres de leur séduction
☐ vaniteuses ☐ modestes ☐ sûres de leur intelligence

6 Perrault laisse entendre qu'il est presque impossible de résister à la folie amoureuse. Pour Ben Jelloun, qu'est-ce qui est presque impossible, mais pourtant souhaitable ?
☐ que la grâce et l'intelligence s'allient dans une seule et même personne.
☐ que la grâce et l'intelligence se mettent au service du bien.

7 Sur quelle idée les deux auteurs sont-ils d'accord ?
☐ Quand on a un problème, il faut compter sur les fées, ou sur un miracle.
☐ Quand on fait le bien, on est récompensé.

La langue et le style

8 Les niveaux de langue. Quel est le niveau de langue du texte de Perrault ? Quels niveaux de langues se mélangent dans le texte de Ben Jelloun ?

Faire le bilan

9 Des valeurs modernisées. Complète le texte avec les mots suivants : *épousant – agissant – Perraut – Ben Jelloun – régner – renoncer – XXIe siècle – XVIIe siècle.*

Dans le conte de . . . . , le roi n'est pas puni pour sa folie et il continue à . . . . en maître tout-puissant. Dans la version de . . . . , le roi reconnaît sa faute et décide de . . . . au pouvoir.

Pour l'auteur du . . . . , la princesse trouve son bonheur en . . . . un beau prince ; pour celui du . . . . , elle le trouve aussi en . . . . pour améliorer le monde.

Écrire maintenant

10 Moderniser un conte traditionnel. Voici la fin de Cendrillon, telle que l'a écrite Perrault : « On la mena chez le jeune prince, parée comme elle l'était : il la trouva encore plus belle que jamais et l'épousa peu de jours après. » Réécris cette conclusion en imaginant que Cendrillon refuse d'épouser le prince parce qu'elle souhaite d'abord découvrir le monde.

L'apparition de la bonne fée : groupement de documents

OBJECTIF • Analyser un personnage caractéristique des contes à travers différentes versions.

DOCUMENT 1 *Une merveilleuse marraine*

Les méchantes sœurs de Cendrillon sont invitées au bal du Prince.

Enfin l'heureux jour arriva ; on partit, et Cendrillon les suivit des yeux, le plus longtemps qu'elle put.

Lorsqu'elle ne les vit plus, elle se mit à pleurer. Sa marraine, qui la vit tout en pleurs, lui demanda ce qu'elle avait, « Je voudrais bien... je voudrais bien... » Elle pleurait si fort qu'elle ne put achever. Sa marraine, qui était fée, lui dit : « Tu voudrais bien aller au bal, n'est-ce pas ? – Hélas ! oui, dit Cendrillon en soupirant. – Eh bien ! seras-tu bonne fille[1] ? dit sa marraine, je t'y ferai aller. » – Elle la mena dans sa chambre, et lui dit : « Va dans le jardin, et apporte-moi une citrouille. » Cendrillon alla aussitôt cueillir la plus belle qu'elle put trouver, et la porta à sa marraine, ne pouvant deviner comment cette citrouille la pourrait faire aller au bal. Sa marraine la creusa et, n'ayant laissé que l'écorce, la frappa de sa baguette, et la citrouille fut aussitôt changée en un beau carrosse tout doré.

Ensuite elle alla regarder dans la souricière, où elle trouva six souris toutes en vie. Elle dit à Cendrillon de lever un peu la trappe de la souricière, et, à chaque souris qui sortait, elle lui donnait un coup de sa baguette, et la souris était aussitôt changée en un beau cheval : ce qui fit un bel attelage de six chevaux, d'un beau gris de souris pommelé[2].

Comme elle était en peine de quoi elle ferait un cocher : « Je vais voir, dit Cendrillon, s'il n'y a pas quelque rat dans la ratière, nous en ferons un cocher. – Tu as raison, dit sa marraine, va voir. » Cendrillon lui apporta la ratière, où il y avait trois gros rats. La fée en prit un d'entre les trois, à cause de sa maîtresse[3] barbe, et, l'ayant touché, il fut changé en un gros cocher, qui avait une des plus belles moustaches qu'on ait jamais vues.

Ensuite elle lui dit : « Va dans le jardin, tu y trouveras six lézards derrière l'arrosoir ; apporte-les-moi. » Elle ne les eut pas plus tôt apportés, que sa marraine les changea en six laquais[4], qui montèrent aussitôt derrière le carrosse, avec leurs habits chamarrés[5], et qui s'y tenaient attachés comme s'ils n'eussent fait autre chose de toute leur vie.

La fée dit alors à Cendrillon : « Eh bien ! voilà de quoi aller au bal : n'es-tu pas bien aise ? – Oui, mais est-ce que j'irai comme cela, avec mes vilains habits ? » Sa marraine ne fit que la toucher avec sa baguette, et en même temps ses habits furent changés en des habits d'or et d'argent, tout chamarrés de pierreries ; elle lui donna ensuite une paire de pantoufles de verre, les plus jolies du monde. Quand elle fut ainsi parée, elle monta en carrosse ; mais sa marraine lui recommanda, sur toutes choses, de ne pas passer minuit, l'avertissant que, si elle demeurait au bal un moment davantage, son carrosse redeviendrait citrouille, ses chevaux des souris, ses laquais des lézards, et que ses beaux habits reprendraient leur première forme.

PERRAULT, *Cendrillon*, 1697 (édition de 1902).

1. **Bonne fille** : fille obéissante et bien élevée.
2. **Pommelé** : couvert de taches rondes grises et blanches.
3. **Maîtresse** : ici, qui atteint la perfection.
4. **Laquais** : valets en uniforme, chargés d'escorter leur maîtresse.
5. **Chamarrés** : dotés d'ornements brillants et colorés.

DOCUMENT 2 *La récompense de la fée*

Le père de la Belle est condamné à mort pour avoir cueilli une rose dans le jardin de la Bête. Pour le sauver, la Belle a accepté de partir vivre avec La Bête.

Première apparition de la fée :

Pendant son sommeil, la Belle vit une dame qui lui dit : « Je suis contente de votre bon cœur, la Belle ; la bonne action que vous faites, en donnant votre vie, pour sauver celle de votre père, ne demeurera point sans récompense ». La Belle, en s'éveillant, raconta ce songe à son père, et, quoiqu'il le consolât un peu, cela ne l'empêcha pas de jeter de grands cris, quand il fallut se séparer de sa chère fille.

La Belle a appris à connaître la grande bonté de la Bête, et a accepté de l'épouser. Il est alors devenu un beau prince et ils se dirigent tous deux vers le château.

Deuxième apparition de la fée :

[...] la Belle manqua mourir de joie en trouvant, dans la grande salle, son père et toute sa famille, que la belle dame, qui lui était apparue en songe, avait transportée au château.

« Belle, lui dit cette dame qui était une grande fée, venez recevoir la récompense de votre bon choix : vous avez préféré la vertu[6] à la beauté et à l'esprit, vous méritez de trouver toutes ces qualités réunies en une même personne. Vous allez devenir une grande reine : j'espère que le trône ne détruira pas vos vertus. »

MADAME LEPRINCE DE BEAUMONT, *La Belle et la Bête*, 1757.

1. **Vertu** : volonté de se porter vers le bien, vers son devoir, en dépit des difficultés rencontrées.

DOCUMENT 3 *Une fée très ordinaire*

Peter Pan vient récupérer son ombre, qu'il a oublié dans la maison des Darling. Il rencontre alors la jeune Wendy qui le presse de questions.

Wendy l'admirait de connaître des fées. Elle fit mille questions à leur sujet, à la grande surprise de Peter qui les tenait plutôt pour des personnes assommantes[1].

– Elles se mêlent tout le temps de mes affaires, dit-il, et je suis souvent obligé de leur flanquer une raclée.

Mais en général il les aimait bien, et raconta à Wendy d'où elles tirent leur origine.

– Quand le premier de tous les bébés se mit à rire pour la première fois, son rire se brisa en mille morceaux qui sautillèrent de tous côtés et devinrent des fées.

Peter ne trouvait pas cela très intéressant, mais pour Wendy, si casanière[2], c'était passionnant à écouter.

– Et depuis, poursuivit Peter accommodant, chaque petit garçon ou fille devrait avoir sa fée.

– Devrait ? Ce n'est donc pas toujours ainsi ?

– Non, vois-tu, les enfants sont tellement savants de nos jours, qu'ils ne croient plus aux fées. Toutes les fois qu'un enfant déclare : « Je ne crois pas aux fées », alors l'une d'entre elles tombe raide morte.

« Assez causé sur ce sujet, pensa-t-il. Mais au fait, et Clochette ? » Ce n'était pas normal qu'elle se tînt si tranquille.

– Je ne peux pas croire qu'elle soit partie, dit-il en se levant. Clochette, où es-tu ?

Le cœur de Wendy palpita d'émotion.

– Peter ! s'écria-t-elle en s'agrippant à lui, ne me dis pas qu'il y a une fée dans cette pièce !

– Elle était là tout à l'heure, répondit-il un peu impatienté. Écoute ! Tu n'entends rien ?

Tous deux tendirent l'oreille.

– J'entends comme un tintement de clochettes, dit Wendy.

– C'est Clo, c'est la langue des fées. Je crois que je l'entends aussi.

Comme le bruit venait de la commode, Peter éclata de rire.

– Wendy, pouffa-t-il, je crois que je l'ai enfermée dans le tiroir ! Il libéra aussitôt la pauvre Clochette qui voleta dans la chambre en glapissant de fureur.

– Tu ne devrais pas dire des choses pareilles, lui répondit Peter. Bien sûr que je regrette. Comment pouvais-je savoir que tu étais dans le tiroir ?

Wendy n'avait d'yeux que pour la fée.

– Peter, si seulement elle voulait se tenir tranquille, pour que je puisse la regarder ? demanda-t-elle.

– Elles tiennent difficilement en place, dit le garçon.

Pourtant, la romantique petite personne se posa un instant au sommet du coucou[3], et Wendy put l'examiner.

– Comme elle est mignonne ! s'exclama-t-elle, bien que le visage de la fée grimaçât de fureur.

– Clo, dit aimablement Peter, cette dame dit qu'elle aimerait t'avoir pour fée. Clochette répondit par une insolence.

– Que dit-elle, Peter ?

– Elle n'est pas très polie. Elle dit que tu es une grande vilaine fille, et qu'elle est ma fée, traduisit-il. Voyons, Clo, tu sais bien que tu ne peux pas être ma fée : je suis un monsieur, et tu es une dame.

– Espèce d'imbécile ! lança Clochette qui disparut dans la salle de bains.

– C'est une fée très ordinaire, dit Peter en guise d'excuse. On l'appelle Clochette-la-Rétameuse[4], parce qu'elle répare les casseroles et les bouilloires.

JAMES MATTHEW BARRIE, *Peter Pan*, 1937.

Traduction d'Yvette Métal © Flammarion 1982.

1. **Assommantes** : ennuyeuses, contrariantes.
2. **Casanière** : qui ne sort pas beaucoup de chez elle.
3. **Coucou** : horloge qui fait apparaître toutes les heures un petit oiseau mécanique qui émet un « coucou ».
4. **Rétameuse** : ouvrière chargée de réparer les ustensiles de cuisine abîmés, en les couvrant d'une fine couche d'étain qui les protège de l'oxydation.

DOCUMENT 4 *La bonne et la mauvaise fée*

Les documents sont reproduits en couleurs sur le plat 3 de la couverture (avant-dernière page du livre).

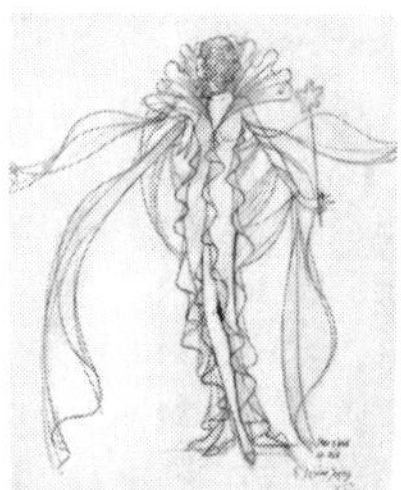

La Fée des Lilas, incarnée par Delphine Seyrig dans *Peau d'Âne* (Jacques Demy, 1970). Costume dessiné par Agostino Pace.

Carabosse dans le ballet *La Belle au Bois dormant* (musique de Tchaïkovski, chorégraphie de Petipa, 1890). Costume dessiné par Léon Bakst en 1921, pour les Ballets russes.

Lire les textes

1 Remplis le tableau.

	Ce que la fée est capable de faire et/ou de savoir :
Doc. 1	....
Doc. 2	....
Doc. 3	....

2 Dans quel texte, la fée a-t-elle un pouvoir plutôt inattendu ? Quelles autres caractéristiques rendent cette fée très originale ?

3 Qu'est-ce qui t'indique que ces trois fées sont de « bonnes fées » et non pas de « méchantes fées » ?

Lire les images

4 Quels indices te permettent immédiatement de différencier la bonne et la mauvaise fée ?

À ton avis

5 Selon toi, pourquoi les enfants apprécient-ils les personnages de fée ?

Faire le bilan

6 **La fée marraine.** Recherche la définition d'une marraine et montre que chaque fée, à sa façon, tient ce rôle dans les trois textes.

Écrire maintenant

7 **Ma fée et moi.** Imagine que la dernière fée du monde t'apparaisse dans un moment difficile et te propose de devenir ta fée...

Les contes font partie du patrimoine universel : on les raconte partout dans le monde, à l'oral et à l'écrit, mais aussi en images.
Dès son invention, le cinéma s'est en effet emparé de ces récits merveilleux. De nombreux cinéastes, parmi lesquels Jacques Demy, les ont adaptés à l'écran. Pourquoi ? Et comment ?

Comment adapte-t-on un conte au cinéma ?

1 Pourquoi les contes sont-ils portés à l'écran ? 118

2 Comment anime-t-on un conte ? 120

3 Comment filme-t-on un conte en prise de vues réelles ? 122

1 Pourquoi les contes sont-ils portés à l'écran ?

Quand, en 1895, les frères Lumière inventent le cinéma, on ne sait pas encore quelle sera sa fonction. Restera-t-il une attraction de foire ? Servira-t-il à diffuser des connaissances ? Deviendra-t-il un nouveau moyen de raconter des histoires ?

● LE CINÉMA ET LE MERVEILLEUX

En 1895, les frères Lumière trou-vent le moyen d'enregistrer le mouvement sur une pellicule et de projeter cet enregistrement à un public. Leurs films sont pour la plupart des « reportages » : la caméra est posée devant une scène réelle et enregistre ce qui se passe.
Mais, très vite, un ancien prestidigitateur, Georges Méliès, s'intéresse de près à cette nouvelle invention : il va montrer qu'elle peut aussi nous transporter loin de la réalité. Ses expérimentations ouvrent la porte du cinéma au conte de fées.

De merveilleuses expériences

Méliès découvre qu'il peut faire grandir démesurément ses personnages, ou bien les faire apparaître magiquement, grâce au procédé de la surimpression. En arrêtant la caméra au cours d'une prise de vue (cf. atelier p. 51), il peut métamorphoser un personnage ou un décor comme par magie. Ses talents de dessinateur lui permettent de fabriquer des décors en trompe-l'œil qui nous transportent dans une réalité enchantée.

● LE CINÉMA ET LA MORALE

Quand les studios hollywoodiens sont créés, dans les années 1910, il s'agit avant tout de construire une industrie capable de produire – pour un public avide d'histoires – des fictions qui seront diffusées dans le monde entier. Ces premières fictions ont pour la plupart une visée morale : elles s'attachent – exactement comme les contes – à raconter des histoires permettant de distinguer le bien du mal.

David Wark Griffith, réalisateur des toutes premières superproductions américaines, disait à cette époque : « Faites rire, faites pleurer, mais surtout faites penser ».

C'est donc assez naturellement que les cinéastes de l'époque s'inspirent des contes de fées, comme c'est le cas encore aujourd'hui dans des productions destinées à la jeunesse.

Affiche du film Cinderella (Cendrillon), 1914.
La toute première star de cinéma, Mary Pickford, joue Cendrillon pour la Paramount en 1914.

2 Comment anime-t-on un conte ?

Quand on parle de contes de fées, on pense tout de suite à l'univers de Walt Disney. Ce producteur américain a en effet adapté au cinéma de très nombreux contes traditionnels, sous forme de dessins animés, avec un succès tel qu'on imagine parfois qu'il en est l'inventeur.

● LE PRINCIPE DE L'ANIMATION

Pour créer un dessin animé, il suffit de décomposer le mouvement en toutes petites étapes, puis de faire défiler rapidement les dessins correspondants. À partir de 16 images/seconde, nous avons l'impression d'un mouvement fluide, car nous reconstituons mentalement les « images manquantes ».

● L'ANIMATION DE DESSINS TRADITIONNELLE

Pour fabriquer les dessins animés, on a longtemps travaillé de façon très artisanale. Les dessins étaient faits à la main sur des feuilles de plastique transparent (les *cellulos*) que l'on fixait une à une sur le banc titre[1]. Le *cellulo* représentant le décor pouvait rester en place, et on y superposait les différents dessins qui décomposaient le mouvement des personnages.

C'était un travail titanesque, qui nécessitait l'intervention de très nombreux dessinateurs. Il a ainsi fallu trois ans de labeur au studio Disney pour réaliser le premier dessin animé de long-métrage* (*Blanche-Neige*, sorti en 1937) : le film comporte en effet plus de 100 000 images, qui ont nécessité près d'un million de croquis !

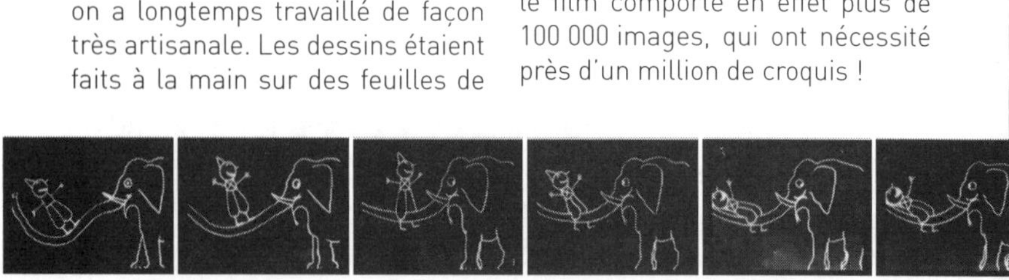

Décomposition du mouvement dans *Fantasmagorie*, E. Cohl, 1908. Ce court-métrage est considéré comme le tout premier film d'animation.

1. Le banc titre est une table sur laquelle est fixée la caméra, ce qui garantit sa stabilité. Les dessins y sont filmés un par un, sous un éclairage parfaitement contrôlé.

● L'ANIMATION NUMÉRIQUE

Depuis les années 1990, l'informatique facilite la tâche des animateurs. Des logiciels permettent aujourd'hui de construire, habiller, éclairer et animer des personnages : ce que l'on voit à l'écran (formes, couleurs, matières, mouvements, expressions) est le résultat de calculs informatiques. L'animateur peut soit numériser un dessin d'abord fait à la main, soit créer directement ses images dans un programme informatique.

● L'ANIMATION ARTISANALE

Le dessin animé et les images de synthèse ne sont pas les seules façons d'animer un conte. On peut citer la technique du papier découpé, que Michel Ocelot, par exemple, utilise dans son film *Princes et Princesses* (2000). Ou encore, celle de la claymation (animation de personnages en pâte à modeler, *clay* signifiant « argile » en anglais), utilisée par Garri Bardine pour *Le Vilain Petit Canard* (2011).

Les aventures du Prince Ahmed

Les Aventures du prince Ahmed, Lotte Reiniger, 1926.

Les Aventures du prince Ahmed, réalisé en 1926 par Lotte Reiniger, est le plus ancien long-métrage d'animation conservé. Les personnages sont faits de papier découpé et l'histoire est inspirée des *Mille et Une Nuits*.

3 Comment filme-t-on un conte en prise de vues réelles ?

Tous les films inspirés de contes ne sont pas des dessins animés. Parfois, les cinéastes choisissent les prises de vue réelles pour entrer dans l'univers merveilleux. Cela nécessite un travail technique très précis, car il n'est pas facile de fabriquer un monde à la fois proche et différent du nôtre.

● UN TOURNAGE EN STUDIO

À l'exception des scènes qui se déroulent dans la nature, les adaptations de contes au cinéma sont essentiellement tournées en studio, c'est-à-dire dans de vastes lieux clos qu'on peut aménager et éclairer à sa guise. Comme le faisait Méliès au tout début du cinéma, on peut y construire librement tous les trompe-l'œil possibles (murs mouvants, objets qui se déplacent, portes dérobées...).

● L'IMPORTANCE DE LA LUMIÈRE

Peau d'Âne a été tourné en été pour profiter d'une belle lumière naturelle. Mais pour créer l'ambiance merveilleuse propre aux contes de fées, les cinéastes misent généralement sur des éclairages artificiels très travaillés. Ils s'inspirent souvent d'œuvres picturales pour inventer une lumière « magique ».

Studio Edison, New-York, dans les années 1910.

L'entrée au château dans La Belle au Bois dormant, Gustave Doré, 1867.
Cette gravure a inspiré Jean Cocteau pour son adaptation de *La Belle et la Bête* (1946) : à l'aide de projecteurs puissants, le cinéaste a reproduit le contraste entre l'obscurité de la forêt et la clarté qui émane du château.

● UN PUZZLE À RECONSTRUIRE

Les films en prises de vue réelles sont tournés dans le désordre, en fonction de la disponibilité des acteurs et des lieux de tournage. *Peau d'Âne* a ainsi été tourné dans plusieurs châteaux, dont celui de Chambord. C'est le monteur qui doit ensuite mettre dans l'ordre les très nombreuses prises de vue, et trouver le rythme qui conviendra au film.
Le conte en prise de vues réelles est donc souvent une production lourde. Il implique une équipe technique importante pour les décors et les éclairages, mais aussi pour les costumes, le maquillage, les effets spéciaux. Faire un tel film aujourd'hui, à Hollywood, coûte plus de cent millions de dollars.

Le clap de cinéma

Pour s'y retrouver au montage, les cinéastes utilisent un clap. Au tournage, ils le filment au début de chaque plan, en y notant le numéro de la « scène » pour faire le lien avec le scénario. La case « prise » permet de trier les différentes versions d'un même plan. La case « son » facilite ensuite la synchronisation du son et de l'image.

Clap de cinéma, illustré par Delphine Ménard

Lexique du cinéma

Préparer un film

La réalisation d'un film nécessite beaucoup d'organisation. Une première étape très importante consiste à développer l'histoire que l'on veut raconter et à amorcer sa traduction en images.

Pitch	Résumé du film en une phrase percutante.
Synopsis	Description des personnages et des grandes lignes de l'histoire.
Scénario	Déroulement détaillé des différentes scènes du film, comprenant les dialogues ainsi que des indications visuelles et sonores.
Découpage technique	Liste de tous les plans à tourner pour transformer le scénario en film. Ce découpage indique, pour chacun de ces plans, ce qu'on doit voir dans le cadre et, éventuellement, ce qu'on entend.
Story-board	Dessins de tous les plans prévus dans le film, présentés dans l'ordre du récit. Ce n'est pas une étape obligatoire.
Casting	Recherche des acteurs et figurants qui incarneront les personnages du film.
Décors	Lieux où l'on tournera le film. Il peut s'agir de décors naturels (plus ou moins modifiés par divers accessoires) ou de décors entièrement fabriqués en studio. Aujourd'hui, on peut également fabriquer des décors en images de synthèse.
Financement	Budget qui servira à payer les membres de l'équipe, à louer le matériel de tournage et de montage, à fabriquer les costumes et les décors, etc.
Plan de travail	Emploi du temps qui contient toutes les informations du tournage (lieux, dates, plans à tourner, décors, accessoires, etc.).

Tourner un film

Le scénario est écrit, les acteurs et les décors sont choisis, le financement est trouvé : le tournage peut commencer. C'est un processus long car il faut, pour chaque scène, habiller et maquiller les acteurs, répéter, régler les lumières et le son, faire plusieurs prises de vues… En moyenne, on ne tourne que deux à trois minutes utiles par jour.

Plan — Prise de vue enregistrée entre le déclenchement et l'arrêt de la caméra. Au tournage, le début du plan est traditionnellement marqué par le mot « Action ! », et sa fin, par le mot « Coupez ! ». Lors du montage, on peut raccourcir un plan ou le fragmenter.

Prise — On fait en général plusieurs prises de vue pour chaque plan, de façon à pouvoir choisir la meilleure au montage. Au tournage, on note au début de chaque plan le numéro de la prise sur le clap et on annonce : « Première (prise) ! » ou « Trentième ! »

Échelle des plans — Au tournage, on place la caméra plus ou moins près du sujet, selon l'effet que l'on veut obtenir (planter le décor, concentrer l'attention sur un personnage, saisir une émotion…). Voici l'échelle des plans possibles :

Plan général (d'ensemble)

Plan demi ensemble

Plan moyen

Plan américain

Plan rapproché

Gros plan

Angle de prise de vues

Position de la caméra par rapport au sujet :

Angle horizontal : la caméra est placée face au sujet.

Plongée : la caméra est placée au-dessus du sujet.

Contre-plongée : la caméra est placée plus bas que le sujet.

Champ, hors champ

- En blanc, le champ de la caméra, c'est-à-dire, la portion d'espace qu'elle « voit » et enregistre.
- En gris, le hors-champ, qui n'est pas visible mais que le spectateur imagine.

Travelling

Mouvement de la caméra qui avance sur un axe horizontal : le travelling permet, par exemple, de suivre un personnage qui marche.

Panoramique

Mouvement de la caméra qui tourne sur un axe : le panoramique permet, par exemple, de montrer un vaste paysage.

La postproduction

Quand le film est « dans la boîte », il est loin d'être terminé. Il faut maintenant assurer sa cohérence artistique et technique, en organisant les images prises dans le désordre lors du tournage et en concevant la bande sonore. L'ensemble de ces techniques de finalisation s'appelle la postproduction.

• LE MONTAGE DE L'IMAGE

Montage cut

Juxtaposition de plans, sans travail sur leur liaison.

Raccord

Liaison fluide entre deux plans successifs : le spectateur ne doit pas être heurté par le changement de plan.

Fondu, fondu enchaîné

• Fondu : l'image disparaît progressivement pour devenir d'une couleur unie (le plus souvent noir, mais on peut aussi choisir un fondu au blanc, au rouge, au vert...).
• Fondu enchaîné : l'image est progressivement remplacée par le plan suivant qui apparaît en surimpression.

Ouverture, fermeture à l'iris

• Ouverture à l'iris : l'image apparaît dans un cercle qui s'ouvre progressivement.
• Fermeture à l'iris : processus inverse, le cercle se referme sur l'image.

Champ-contrechamp

Champ :

Contrechamp (la caméra est retournée à 180°)

Le montage en champ-contrechamp consiste à alterner ces prises de vue opposées.

Noir

Image noire intercalée entre deux plans ; elle est souvent utilisée pour séparer deux scènes.

Effets spéciaux, trucages

Ensemble des techniques utilisées pour créer l'illusion de phénomènes qui n'existent pas dans la réalité.

● LE MONTAGE DU SON

Voix off

Voix d'un personnage qui n'apparaît pas à l'image, enregistrée après le tournage.

Bruitages

Reconstitution des bruits qui accompagnent l'action (par exemple, bruit des pas ou d'une porte qui s'ouvre).

Musique diégétique

Musique qui « fait partie de l'histoire » : les personnages l'entendent ou la jouent.

Musique extra-diégétique

Musique ajoutée au film après le tournage. Les personnages ne l'entendent pas, car elle est destinée au seul spectateur, qui est ainsi guidé dans ses émotions.

Bande-son

Ensemble final de tous les sons qu'on entendra dans le film, dans lequel on a mixé les sons enregistrés au tournage et ceux de la postproduction.

Table des illustrations

2-3	Coll. Archives Hatier
7	ph © Rue des Archives/RDA
8	Coll. Archives Hatier
10	ph © Reg Lancaster/Express/Getty Images
11	ph © Serge BENHAMOU/GAMMA
12	ph © Hermance Triay/Opale/Leemage
14-15	Coll. Archives Hatier
45	© 2003 Succession Demy – Affiche : Jim Leon
52	© 2003 Succession Demy
90 à 115	Coll. New York Public Library
93	Coll. Koninklijke Bibliotheek
114-hg	© 2003 Succession Demy – Photo: Michel Lavoix
114-hd	Coll. La Cinémathèque française – © Agostino Pace
114-b	© Paris, BnF
119,120	© DR
121	© Comenius-Film GmbH/DR – Coll. Prod DB
122	ph © Rue des Archives/BCA
123-h	© Paris, BnF
123-b	© Delphine Ménard via Wikimedia Commons – CC BY-SA 2.5

Tous les photogrammes du cahier central : © 2003 Succession Demy

Couverture

Plat 2	© 2003 Succession Demy – Affiche : Jim Leon
Plat 3-hg	© 2003 Succession Demy – Photo : Michel Lavoix
Plat 3-hd	Coll. La Cinémathèque française © Agostino Pace
Plat 3-b	© Paris, BnF

Droits réservés (DR) : malgré nos efforts, il nous a été impossible de joindre certains photographes ou leurs ayants-droit, ainsi que des éditeurs ou leurs ayants-droit de certains documents, pour solliciter l'autorisation de reproduction, mais nous avons naturellement réservé en notre comptabilité des droits usuels.

Iconographie : Hatier Illustration
Principe de maquette : Marie-Astrid Bailly-Maître & Sterenn Heudiard
Suivi éditorial : Anne Fontvieille
Illustrations intérieures : Yukiko Noritake
Mise en page : CGI

Achevé d'imprimer par Grafica Veneta SpA - Italie
dépôt légal n° 02814-2/03 - Octobre 2021